新疆维吾尔自治区公路工程建设项目估概预算编制办法补充规定

新疆维吾尔自治区交通运输厅　组织编写

人民交通出版社股份有限公司

内 容 提 要

本补充规定从新疆维吾尔自治区公路工程建设实际出发，立足本地区特点，根据交通运输部《公路工程建设项目投资估算编制办法》(JTG 3820—2018)及《公路工程建设项目概算预算编制办法》(JTG 3830—2018)(以下简称"2018 编办")的有关规定编制。本补充规定对公路工程建筑安装工程费、工程建设其他费、绿化工程投资估算等内容做出了规定，需要与 2018 编办配套使用。

本补充规定是新疆公路工程建设项目投资估算、设计概算、施工图预算编制的依据之一，适合在新疆区域内从事公路工程造价相关工作的人员使用。

图书在版编目(CIP)数据

新疆维吾尔自治区公路工程建设项目估概预算编制办法补充规定／新疆维吾尔自治区交通运输厅组织编写．— 北京：人民交通出版社股份有限公司，2021.11
ISBN 978-7-114-17674-6

Ⅰ．①新… Ⅱ．①新… Ⅲ．①道路工程—基本建设项目—概算编制—新疆②道路工程—基本建设项目—预算编制—新疆 Ⅳ．①U415.13

中国版本图书馆 CIP 数据核字(2021)第 217724 号

XinJiang Weiwuer Zizhiqu Gonglu Gongcheng Jianshe Xiangmu Gugaiyusuan Bianzhi Banfa Buchong Guiding

书　　名：	新疆维吾尔自治区公路工程建设项目估概预算编制办法补充规定
著 作 者：	新疆维吾尔自治区交通运输厅
责任编辑：	李　沛
责任校对：	孙国靖　卢　弦
责任印制：	张　凯
出版发行：	人民交通出版社股份有限公司
地　　址：	(100011)北京市朝阳区安定门外外馆斜街 3 号
网　　址：	http://www.ccpcl.com.cn
销售电话：	(010)59757973
总 经 销：	人民交通出版社股份有限公司发行部
经　　销：	各地新华书店
印　　刷：	北京市密东印刷有限公司
开　　本：	880×1230　1/16
印　　张：	6
字　　数：	125 千
版　　次：	2021 年 11 月　第 1 版
印　　次：	2021 年 11 月　第 1 次印刷
书　　号：	ISBN 978-7-114-17674-6
定　　价：	60.00 元

(有印刷、装订质量问题的图书，由本公司负责调换)

关于印发《新疆维吾尔自治区公路工程建设项目估概预算编制办法补充规定》的通知

（新交规〔2021〕1号）

伊犁哈萨克自治州交通运输局,各地、州、市交通运输局、交通建设管理局、公路管理局、交投公司：

为加强我区公路工程造价管理,合理确定和有效控制我区公路工程建设项目投资,根据交通运输部《公路工程建设项目投资估算编制办法》（JTG 3820—2018）、《公路工程建设项目概算预算编制办法》（JTG 3830—2018）等有关规定,结合我区公路工程建设实际,编制完成了《新疆维吾尔自治区公路工程建设项目估概预算编制办法补充规定》,现印发给你们,有关事项通知如下：

一、补充规定自2021年5月1日起施行。
二、在此之前已批复工可的项目,设计概算、施工图预算不执行本补充规定。
三、补充规定由自治区交通运输厅负责管理,日常解释和管理工作由自治区公路工程造价管理局负责。请有关单位注意在实践中总结经验,及时将发现的问题和修改建议函告自治区公路工程造价管理局。

2021年4月19日

（联系人：徐小勇 5280502；员兰 5281605）

抄送：厅有关领导,厅综合规划处、建设管理处、公路管理处、农村公路管理处、财务处、审计处、规划中心、造价局,存档。

新疆维吾尔自治区交通运输厅办公室　　　　　　　2021年4月19日印发

《新疆维吾尔自治区公路工程建设项目估概预算编制办法补充规定》

主 编 单 位：新疆维吾尔自治区交通运输厅
参 编 单 位：新疆维吾尔自治区公路工程造价管理局
新疆维吾尔自治区交通规划勘察设计研究院

审定委员会

主 任 委 员：李学东
副主任委员：艾山江·艾合买提　王永轩　郭　胜　高仙桂
　　　　　　郑明权
委　　　员：段明社　孙宪魁　孔令忠　潘林伍　陈建壮
　　　　　　孙　进　叶　涛　孟令杰　王　燕　阿合买江·尤努斯
　　　　　　李国华　孙泽强　余宏泰　时德明　刘茹吟
　　　　　　王　洁　海自玲　罗凤玉

编 写 人 员

主　　　编：张崇新　周欣弘　董　泓　朱春生　李建国
编写人员：员　兰　袁　玮　杨传萍　李枝森　胡振山
　　　　　朱玉萍　李淑玲　刘逢成　徐小勇　安敏辉
　　　　　王广平　肖开提·阿不都旭库尔　张柏玲
　　　　　吴继春　安　磊　陈　艳　董迎娣　关　翔

目　　次

第1章　总则 ·· 1
第2章　建筑安装工程费 ··· 2
　2.1　直接费 ·· 2
　2.2　设备购置费 ··· 4
　2.3　措施费 ·· 4
　2.4　企业管理费 ··· 4
　2.5　规费 ··· 5
　2.6　税金 ··· 5
第3章　工程建设其他费 ··· 6
　3.1　建设项目前期工作费 ··· 6
　3.2　专项评价（估）费 ··· 6
新疆公路绿化工程估算指标 ··· 18
新疆公路工程估概预算编制中的若干要求及注意事项 ····················· 19
附件　标准及规定 ·· 21
　◆关于发布《高寒高海拔地区公路工程建设项目造价补充标准》的公告
　　（中国工程建设标准化协会公告第692号） ······························· 21
　◆关于进一步放开建设项目专业服务价格的通知（发改价格〔2015〕299号）········· 22
　◆关于印发《新疆维吾尔自治区公路工程设计变更管理办法》的通知
　　（新交规〔2020〕12号） ·· 24
　◆关于做好《土地管理法》施行后过渡期内土地征收管理工作的通知
　　（新政办函〔2020〕39号） ··· 32
　◆关于印发《新疆维吾尔自治区矿产资源管理若干事项暂行办法》的通知
　　（新自然资规〔2021〕1号） ··· 36
　◆关于公布自治区征收农用地区片综合地价标准的通知
　　（新自然资规〔2020〕4号） ··· 42
　◆关于调整自治区森林植被恢复费征收标准等有关问题的通知
　　（新财非税〔2016〕22号） ··· 51
　◆关于草原植被恢复费收费标准及有关事宜的通知
　　（新发改收费〔2014〕1769号） ·· 53
　◆关于调整我区水资源费征收标准有关问题的通知

— 1 —

（新发改农价〔2015〕1724号） ··· 55
◆新疆维吾尔自治区耕地占用税实施办法
（新疆维吾尔自治区人民政府令2008年第159号） ························· 58
◆关于印发《新疆维吾尔自治区水土保持补偿费征收使用管理办法》的通知
（新财非税〔2015〕10号） ··· 62
◆关于印发《自治区重点建设项目征地拆迁补偿标准》的通知
（新国土资发〔2009〕131号） ··· 67
◆关于印发《车辆购置税收入补助地方资金管理暂行办法》的通知
（财建〔2021〕50号） ··· 74

第 1 章　总　则

1.0.1　为加强自治区公路工程造价管理,合理确定和有效控制自治区公路工程建设项目投资,根据交通运输部《公路工程建设项目投资估算编制办法》(JTG 3820—2018)及《公路工程建设项目概算预算编制办法》(JTG 3830—2018)(以下简称"2018 编办"),结合自治区公路工程建设实际,制定本补充规定。本补充规定与 2018 编办配套使用。

1.0.2　本补充规定适用于自治区行政区域内新建、改扩建公路工程建设项目投资估算、设计概算、施工图预算的编制和管理。

1.0.3　项目在海拔 3000m 以上的路段,建筑安装工程费按《高寒高海拔地区公路工程建设项目造价补充标准》(T/CECS G:T35—2020)单独编制。

1.0.4　重大设计变更、较大设计变更工程按现行《新疆维吾尔自治区公路工程设计变更管理办法》等规定编制预算,建设单位需加强造价全过程管理和控制。

1.0.5　本补充规定仅作为编制公路工程建设项目估概预算控制工程投资的依据,不作为项目实际结算付款、施工企业实发工资的依据。

1.0.6　编制设计概算、施工图预算时,如遇定额缺项,按有关规定编制补充概算、预算定额,并将有关基础资料随概算、预算文件一并上报。

第 2 章　建筑安装工程费

2.1　直接费

2.1.1　人工费：

1　人工工日单价由新疆维吾尔自治区公路工程造价管理局（以下简称"造价局"）适时调整，现行人工工日单价执行《关于发布我区公路工程人工工日单价及有关补充规定的通知》（新交办发〔2019〕26号），见附表1。

2　一条路线跨越两个以上不同工资区时，按各段路线长度加权计算人工工日单价。

2.1.2　材料费：

材料预算价格由材料原价、运杂费、场外运输损耗、采购及保管费组成。

1　材料原价：

（1）外购材料原价参照造价局发布的《新疆公路工程造价信息》确定，未涵盖的材料，由设计单位提供价格来源和依据。

（2）自采加工材料原价根据设计提供的成品率及相关定额进行分析计算，当有社会供应与自采加工两种方式时，应采用较经济的供应方式，并应在估算、概算、预算编制说明中附经济分析资料。

2　运杂费：

（1）根据自治区公路建设实际情况，公路货物分四个等级，见表2-1。

（2）公路路况分为三类，各路况加成系数见表2-2，加成后运价率保留小数点后3位数。

（3）公路货物运价率详见附表2。

（4）采用附表2计算运价时，运距保留小数点后1位，用内插法计算，运价结果保留小数点后2位。

（5）公路货物装卸费见表2-3。

（6）铁路运输时其运杂费按铁路有关规定计算。

表 2-1 公路货物等级

等级	名称
一等	(1)煤、砂、片石、砾(碎)石、卵石、石渣; (2)土、淤泥、垃圾; (3)粉煤灰、路渣
二等	(1)木材、橡胶、固体沥青(桶装沥青)、水、草籽、草、芦苇、树条; (2)水泥及其制品(袋装水泥、水泥预制件)、石灰、水泥稳定材料、沥青混合料、水泥混凝土; (3)钢材、铁及铁件、有色金属、五金制品、砖、瓦、水泥瓦、块石、石膏、石灰石、生石灰等
三等	(1)橡胶制品、陶瓷、玻璃及其制品、大理石、花岗岩、汉白玉、水磨石板等; (2)散装水泥、石粉等,罐装沥青、重油; (3)油漆、涂料、环氧树脂; (4)钢梁、钢桁、钢管拱、大型混凝土构件
危险	汽油、柴油、雷管、炸药、导火线、纱包线、母线等

注:未列入表内的其他货物,除参照同类货物划分等级外,均列入二等。

表 2-2 公路路况分类

路况类别	公路路况条件	加成系数
一类	海拔2000m以下(含2000m)沥青或水泥路面的公路	1.00
二类	(1)海拔2000~3000m(含3000m)沥青或水泥路面的公路; (2)平原微丘区地质状况好,稍加修整即可到达砂砾路面行车要求的道路; (3)砂砾路面的公路	1.10
三类	(1)海拔3000m以上沥青、水泥或砂砾路面的公路; (2)二类路况中未包含的其他公路	1.30

注:经过两个以上不同路况的直达运输,按货物运输起讫点之间总长度的运价率乘以不同路况里程计算运费。

表 2-3 公路货物装卸费

单位:元/t

项目	货物分类			
	一等货物	二等货物	三等货物	危险货物
装	1.80	2.20	4.00	4.00
卸	1.20	2.20	3.80	3.80
装卸	3.00	4.40	7.80	7.80

注:1. 表中装卸费为含增值税价格,按规定的税率扣除后使用,即:装卸费/(1+税率)。表中装卸费均为人工、机械装卸的综合费用。

2. 当采用自卸汽车运输砂石料时,只计装车费;沥青(水泥)混凝土的装卸费按7.80元/t计;水泥稳定砂砾混合料装卸费按4.40元/t计。

2.1.3 施工机械使用费：

1 施工机械台班车船使用税按现行规定计算，详见附表3。

2 海拔3000m以上项目采用《公路工程机械台班费用定额》（JTG/T 3833—2018）时，施工机械台班费用中的不变费用乘以系数1.1。

3 沙漠地区项目采用《公路工程机械台班费用定额》（JTG/T 3833—2018）时，施工机械台班费用中的不变费用乘以系数1.2。

2.2 设备购置费

2.2.1 新建项目，养护设备购置费按表2-4执行，后续将根据国家及自治区相关规定适时调整。

表2-4 新建项目养护设备基本配置费用

单位：万元/100km

项目所在地	公路等级			
	高速公路	一级公路	二级公路	三级公路
平原微丘区	700	500	300	100
山岭重丘区	1000	800	450	200

注：1. 四级公路参照三级公路配置。
2. 企业自筹资金建设项目，设备购置数量、种类由企业自行调查、论证确定，并附相关资料。

2.2.2 改扩建项目，设计单位在勘察设计阶段按附表4调查管理养护单位已有的养护机械设备状况，同时结合项目所在地气候、地形条件，参照新建项目每百公里机械配备额度，提出需补充购置的养护机械设备。

2.2.3 特殊地区需配置大型特殊养护设备时，根据需要经论证后计列。

2.3 措施费

2.3.1 建设项目工期在1个自然年以内且不在取暖期内施工的项目，不计取冬季施工增加费。冬季气温区划分见附表5。

2.3.2 部分区段、工程受干扰的应按受干扰的路线长度加权计算行车干扰施工增加费。估算、概算、预算编制说明中应明确昼夜社会交通量及受干扰工程加权计算的过程。

2.4 企业管理费

2.4.1 建设项目工期在1个自然年以内且不在取暖期内施工的项目，不计取职工取暖补贴。

2.5 规费

2.5.1 规费执行《关于发布我区公路工程人工工日单价及有关补充规定的通知》(新交办发[2019]26号),各项规费及费率见表2-5。

表2-5 规费费率

规费名称	养老保险费	失业保险费	医疗保险费	住房公积金	工伤保险费	合计
费率(%)	16.00	0.50	9.80	8.00	0.50	34.80

注:医疗保险费包含基本医疗保险费9.00%、生育保险费0.80%。若规费费率发生调整,按照国家及自治区最新规定及时调整。

2.6 税金

2.6.1 根据《关于深化增值税改革有关政策的公告》(财政部 税务总局 海关总署公告2019年第39号)、《交通运输部关于调整〈公路工程建设项目投资估算编制办法〉(JTG 3820—2018)和〈公路工程建设项目概算预算编制办法〉(JTG 3830—2018)中"税金"有关规定的公告》(交通运输部公告2019年第26号),现行增值税税率为9%。若增值税税率发生调整,按照国家及自治区最新规定及时调整。

第3章 工程建设其他费

3.1 建设项目前期工作费

3.1.1 建设项目前期工作费,沙漠地区建设项目执行表3-1中的费率,其余地区项目执行部颁费率。

表3-1 建设项目前期工作费费率

序号	定额建筑安装工程费（万元）	费率（%）	算例(万元)	
			定额建筑安装工程费	建设项目前期工作费
1	500以下	3.60	500	500×3.60% = 18.00
2	500~1000	3.24	1000	18.00+(1000-500)×3.24% = 34.20
3	1000~5000	3.06	5000	34.20+(5000-1000)×3.06% = 156.60
4	5000~10000	2.95	10000	156.60+(10000-5000)×2.95% = 304.10
5	10000~30000	2.87	30000	304.10+(30000-10000)×2.87% = 878.10
6	30000~50000	2.81	50000	878.10+(50000-30000)×2.81% = 1440.10
7	50000~100000	2.72	100000	1440.10+(100000-50000)×2.72% = 2800.10
8	100000~150000	2.63	150000	2800.10+(150000-100000)×2.63% = 4115.10
9	150000~200000	2.50	200000	4115.10+(200000-150000)×2.50% = 5365.10
10	200000~300000	2.39	300000	5365.10+(300000-200000)×2.39% = 7755.10
11	300000~400000	2.33	400000	7755.10+(400000-300000)×2.33% = 10085.10
12	400000~600000	2.23	600000	10085.10+(600000-400000)×2.23% = 14545.10
13	600000~800000	2.16	800000	14545.10+(800000-600000)×2.16% = 18865.10
14	800000~1000000	2.11	1000000	18865.10+(1000000-800000)×2.11% = 23085.10
15	1000000以上	2.06	1200000	23085.10+(1200000-1000000)×2.06% = 27205.10

注:当一个项目同时经过沙漠地区和非沙漠地区时,应按所占路线长度加权计算前期工作费费率。

3.2 专项评价(估)费

3.2.1 专项评价(估)费计列必须附评价(估)报告(意见)、费用清单或委托合同等计费依据。

附表1 新疆公路工程人工费工日单价表

类　别	地　区	综合日工资（元/日）
二类	乌鲁木齐市、昌吉市、阜康市、石河子市	133.67
三类	奎屯市、塔城市、伊宁市、伊宁县、（胡杨河市）	135.09
三类	吐鲁番市、沙湾市、乌苏市、阿拉尔市、阿克苏市、库尔勒市、库车市、鄯善县、哈密市、奇台县、吉木萨尔县、（新星市、铁门关市）	140.79
三类	温宿县、沙雅县、博乐市、精河县、轮台县、博湖县、焉耆回族自治县、（双河市）	143.41
三类	玛纳斯县、呼图壁县、五家渠市	146.49
三类	克拉玛依市	160.74
四类	新源县、霍城县、巩留县、察布查尔锡伯自治县、霍尔果斯市、额敏县、托克逊县、尉犁县、和硕县、新和县、拜城县、阿瓦提县、温泉县、托里县、裕民县、柯坪县、乌什县、和静县、和布克赛尔蒙古自治县、阿勒泰市、布尔津县、富蕴县、福海县、哈巴河县、阿图什市、特克斯县、尼勒克县、（北屯市、可克达拉市）	161.03
四类	图木舒克市、英吉沙县、喀什市、疏勒县、泽普县、麦盖提县、巴楚县、疏附县、岳普湖县、伽师县、木垒哈萨克自治县	166.73
五类	和田市、和田县、墨玉县、洛浦县、吉木乃县、伊吾县、巴里坤哈萨克自治县、昭苏县、青河县、皮山县、策勒县、于田县、民丰县、且末县、（昆玉市）	189.81
五类	莎车县、若羌县	194.37
六类	阿合奇县、阿克陶县、乌恰县	261.06
六类	叶城县	265.62
六类	塔什库尔干塔吉克自治县	281.58

注：括号内为《关于发布我区公路工程人工工日单价及有关补充规定的通知》（新交办发〔2019〕26号）发布之后新增加的地区。

附表2 新疆公路货物运价率表

单位:元/t·km

运距(km)	一等货物	二等货物	三等货物	危险货物
1	1.904	2.189	2.475	2.665
2	1.605	1.846	2.087	2.248
3	1.397	1.607	1.816	1.956
4	1.245	1.431	1.618	1.742
5	1.130	1.299	1.469	1.582
6	1.041	1.197	1.353	1.457
7	0.971	1.117	1.263	1.360
8	0.916	1.054	1.191	1.283
9	0.872	1.003	1.133	1.221
10	0.836	0.962	1.087	1.171
11	0.807	0.929	1.050	1.130
12	0.784	0.902	1.020	1.098
13	0.766	0.881	0.996	1.072
14	0.751	0.864	0.977	1.052
15	0.740	0.851	0.962	1.036
16	0.722	0.830	0.938	1.010
17	0.704	0.809	0.915	0.985
18	0.684	0.787	0.889	0.958
19	0.665	0.765	0.864	0.931
20	0.646	0.742	0.839	0.904
21	0.626	0.720	0.814	0.877
22	0.607	0.698	0.789	0.850
23	0.588	0.676	0.764	0.823
24	0.568	0.654	0.739	0.796
25	0.549	0.631	0.714	0.769
26	0.530	0.609	0.689	0.742
27	0.510	0.587	0.663	0.714
28	0.491	0.565	0.638	0.687
29	0.472	0.542	0.613	0.660
30	0.452	0.520	0.588	0.633
30 以上	0.450	0.518	0.585	0.630

注:1.表中运价率为含增值税价格,按规定的税率扣除后使用,即:运价率/(1+税率)。

2.依据《关于新疆维吾尔自治区收费公路货车通行费标准的通知》,表中运价率考虑了车辆通行费用。

附表3　新疆公路工程机械台班车船使用税表

序号	机械代号	机械名称、规格				车船税（元/台班）
1	8001013	推土机	轮胎式	功率(kW)	135以内	4.74
2	8001014				160以内	5.22
3	8001038	单斗挖掘机	轮胎式	斗容量(m^3)	0.20	2.10
4	8001039				0.40	3.75
5	8001040				0.60	4.95
6	8001044	装载机	轮胎式	斗容量(m^3)	0.50	1.29
7	8001045				1.00	1.97
8	8001046				1.50	2.85
9	8001047				2.00	3.84
10	8001048				2.50	4.40
11	8001049				3.00	4.95
12	8001050				3.50	5.70
13	8001051				2.00	3.84
14	8001052				2.00	4.05
15	8001053				3.00	6.15
16	8001054				0.30	2.25
17	8001055				0.35	2.55
18	8001056	平地机		功率(kW)	75以内	2.37
19	8001057				90以内	2.52
20	8001058				120以内	4.10
21	8001059				135以内	4.10
22	8001060				150以内	4.11
23	8001061				180以内	4.46
24	8001062				200以内	4.95
25	8001063				220以内	5.55
26	8001121	液压工程地质钻机				4.00
27	8003031	液态沥青运输车		容量(L)	4000以内	2.00
28	8003032				7000以内	1.80
29	8003033				9000以内	2.40
30	8003034				22000以内	4.50
31	8003035	沥青洒布车		容量(L)	500以内	1.00
32	8003036				1000以内	1.10

续附表3

序号	机械代号	机械名称、规格		车船税（元/台班）
33	8003037	沥青洒布车	容量(L) 2000 以内	1.00
34	8003038	沥青洒布车	4000 以内	1.60
35	8003039	沥青洒布车	6000 以内	2.40
36	8003040	沥青洒布车	8000 以内	3.20
37	8003062	稀浆封层机	摊铺宽度(m) 2.5~3.5	6.16
38	8003070	热熔标线设备	含热熔釜标线车 BJ-130、油涂抹器、动力设备	1.00
39	8003073	画线车	汽车式	1.00
40	8003103	路面清扫车	机动	2.00
41	8003105	道路养护车		1.00
42	8005022	散装水泥车	装载质量(t) 5 以内	1.65
43	8005023	散装水泥车	8 以内	2.64
44	8005024	散装水泥车	10 以内	3.30
45	8005025	散装水泥车	15 以内	4.05
46	8005026	散装水泥车	20 以内	5.40
47	8005027	散装水泥车	26 以内	6.90
48	8005028	混凝土搅拌运输车	容量(m³) 3 以内	2.82
49	8005029	混凝土搅拌运输车	4 以内	3.15
50	8005030	混凝土搅拌运输车	5 以内	3.69
51	8005031	混凝土搅拌运输车	6 以内	3.75
52	8005032	混凝土搅拌运输车	8 以内	3.84
53	8005033	混凝土搅拌运输车	9 以内	3.90
54	8005034	混凝土搅拌运输车	10 以内	3.96
55	8005035	混凝土搅拌运输车	12 以内	4.02
56	8005036	混凝土搅拌运输车	14 以内	4.08
57	8005037	防爆型混凝土搅拌运输车	3 以内	2.82
58	8005038	防爆型混凝土搅拌运输车	6 以内	3.75
59	8005039	混凝土输送泵车	排量(m³/h) 60 以内	3.75
60	8005040	混凝土输送泵车	75 以内	4.62
61	8005041	混凝土输送泵车	90 以内	7.05
62	8005042	混凝土输送泵车	100 以内	9.00
63	8005043	混凝土输送泵车	120 以内	9.60

续附表3

序号	机械代号	机械名称、规格			车船税（元/台班）
64	8005044	混凝土输送泵车	排量(m³/h)	140以内	10.20
65	8005045			150以内	10.80
66	8005046			170以内	11.40
67	8007001	载货汽车	装载质量(t)	2以内	0.60
68	8007002			3以内	0.90
69	8007003			4以内	1.09
70	8007004			5以内	1.36
71	8007005			6以内	1.64
72	8007006			8以内	2.18
73	8007007			10以内	2.73
74	8007008			12以内	3.00
75	8007009			15以内	3.41
76	8007010			20以内	4.09
77	8007011	自卸汽车		3以内	0.90
78	8007012			5以内	1.50
79	8007013			6以内	1.50
80	8007014			8以内	2.40
81	8007015			10以内	3.00
82	8007016			12以内	3.30
83	8007017			15以内	3.75
84	8007018			18以内	4.20
85	8007019			20以内	4.50
86	8007020			30以内	5.40
87	8007021	防爆型载货汽车		4以内	1.64
88	8007022	防爆型自卸汽车		15以内	4.50
89	8007023	平板拖车组		15以内	5.63
90	8007024			20以内	5.81
91	8007025			30以内	6.38
92	8007026			40以内	7.13
93	8007027			50以内	7.69
94	8007028			60以内	8.25
95	8007029			80以内	8.81

续附表3

序号	机械代号	机械名称、规格			车船税（元/台班）
96	8007030	平板拖车组	装载质量(t)	100 以内	9.38
97	8007031	平板拖车组	装载质量(t)	120 以内	9.75
98	8007032	平板拖车组	装载质量(t)	150 以内	10.31
99	8007033	平板拖车组	装载质量(t)	200 以内	10.88
100	8007034	运油汽车	容量(L)	3000 以内	0.90
101	8007035	运油汽车	容量(L)	5000 以内	1.50
102	8007036	运油汽车	容量(L)	8000 以内	2.40
103	8007037	运油汽车	容量(L)	10000 以内	3.00
104	8007038	加油汽车	容量(L)	5000 以内	1.50
105	8007039	加油汽车	容量(L)	8000 以内	2.40
106	8007040	洒水汽车	容量(L)	4000 以内	1.50
107	8007041	洒水汽车	容量(L)	6000 以内	1.80
108	8007042	洒水汽车	容量(L)	8000 以内	2.40
109	8007043	洒水汽车	容量(L)	10000 以内	3.00
110	8007044	洒水汽车	容量(L)	15000 以内	4.50
111	8007045	洒水汽车	容量(L)	20000 以内	6.00
112	8007046	机动翻斗车	装载质量(t)	1.0 以内	0.30
113	8007047	机动翻斗车	装载质量(t)	1.5 以内	0.45
114	8007048	机动翻斗车	装载质量(t)	2.0 以内	0.60
115	8007049	防爆型机动翻斗车	装载质量(t)	1.0 以内	0.45
116	8007055	电瓶车	装载质量(t)	3 以内	0.60
117	8007056	电瓶车	装载质量(t)	5 以内	1.27
118	8007057	电瓶车	装载质量(t)	8 以内	2.00
119	8007058	电瓶车	装载质量(t)	10 以内	2.67
120	8007059	电瓶车	装载质量(t)	12 以内	2.83
121	8007063	轮胎式运梁车	装载质量(t)	120 以内	11.56
122	8007064	轮胎式运梁车	装载质量(t)	160 以内	16.89
123	8007065	轮胎式运梁车	装载质量(t)	180 以内	20.00
124	8007066	轮胎式运梁车	装载质量(t)	200 以内	22.22
125	8007067	轮胎式运梁车	装载质量(t)	260 以内	26.67
126	8009018	轮胎式起重机	提升质量(t)	8 以内	2.85
127	8009019	轮胎式起重机	提升质量(t)	16 以内	3.60
128	8009020	轮胎式起重机	提升质量(t)	20 以内	4.20

续附表3

序号	机械代号	机械名称、规格			车船税（元/台班）
129	8009021	轮胎式起重机		25以内	4.80
130	8009022			40以内	6.30
131	8009023			50以内	9.00
132	8009024			60以内	11.10
133	8009025	汽车式起重机	提升质量(t)	5以内	2.37
134	8009026			8以内	2.76
135	8009027			12以内	4.80
136	8009028			16以内	6.00
137	8009029			20以内	7.20
138	8009030			25以内	7.80
139	8009031			30以内	8.40
140	8009032			40以内	10.80
141	8009033			50以内	13.50
142	8009034			75以内	19.50
143	8009035			90以内	23.10
144	8009036			100以内	24.00
145	8009037			110以内	25.50
146	8009038			120以内	27.00
147	8009039			125以内	27.60
148	8009040			130以内	28.50
149	8009041			150以内	30.90
150	8009042			160以内	32.40
151	8009043			200以内	36.00
152	8009044			350以内	48.00
153	8009045			400以内	60.00
154	8009046	高空作业车	最大作业高度(m)	10以内	1.00
155	8009047			15以内	1.67
156	8009048			20以内	2.67
157	8011039	汽车式钻孔机	钻孔直径(mm)	1000以内	2.40
158	8011040			2000以内	3.60
159	8019001	内燃拖轮	功率(kW)	44以内	0.23
160	8019002			88以内	0.45

续附表3

序号	机械代号	机械名称、规格		车船税（元/台班）
161	8019003	内燃拖轮	功率(kW) 147 以内	0.75
162	8019004		176 以内	0.90
163	8019005		221 以内	1.50
164	8019006		294 以内	2.00
165	8019007		368 以内	2.50
166	8019008		441 以内	3.00
167	8019009		588 以内	3.85
168	8019010		794 以内	5.40
169	8019011		882 以内	6.00
170	8019012		1228 以内	8.40
171	8019013		1441 以内	9.80
172	8019014		1941 以内	13.20
173	8019015		2353 以内	20.00
174	8019016		2500 以内	21.25
175	8019017		2942 以内	25.00
176	8019018	工程驳船	装载质量(t) 30 以内	0.20
177	8019019		50 以内	0.33
178	8019020		80 以内	0.52
179	8019021		100 以内	0.65
180	8019022		150 以内	0.98
181	8019023		200 以内	1.30
182	8019024		300 以内	2.61
183	8019025		400 以内	3.48
184	8019026		500 以内	4.35
185	8019027		600 以内	5.22
186	8019028		800 以内	6.96
187	8019029		1000 以内	8.70
188	8019030		1500 以内	13.04
189	8019031		2000 以内	17.39
190	8019032		3000 以内	32.61
191	8019033		5000 以内	54.35
192	8019034		6000 以内	65.22

续附表3

序号	机械代号	机械名称、规格			车船税（元/台班）
193	8019035	自航式工程驳船	装载质量(t)	800 以内	13.91
194	8019036	泥浆船	容量(m³)	1000 以内	27.83
195	8019037	打桩船	桩架高度(m)	60 以内	4.35
196	8019038			80 以内	8.70
197	8019039			1000 以内	11.30
198	8019043	起重船	旋转扒杆 提升质量（t）	100 以内	3.00
199	8019044			130 以内	3.26
200	8019045			180 以内	6.52
201	8019046			350 以内	11.30
202	8019047		固定扒杆 提升质量（t）	60 以内	1.96
203	8019048			100 以内	3.00
204	8019049			150 以内	3.39
205	8019050			200 以内	5.87
206	8019051			300 以内	10.78
207	8019052			500 以内	19.13
208	8019053			600 以内	25.22
209	8019056	混凝土搅拌船	生产能力(m³/h)	100 以内	11.11
210	8019057			120 以内	13.33
211	8019058			150 以内	17.78
212	8019059	抛锚船	功率(kW)	240 以内	2.15
213	8019060			373 以内	4.35
214	8019061			522 以内	6.09
215	8019062	机动艇	功率(kW)	123 以内	1.11
216	8019063			198 以内	1.76
217	8025003	工程修理车	功率(kW)	70 以内	1.20
218	8025004			90 以内	1.50

注：机械代号、名称与《公路工程机械台班费用定额》(JTG/T 3833—2018)中一致。

附表4　公路养护设备配备调查表

管养单位		养护公路等级			路面类型		里程（km）		地形		气候条件	
已有设备						在满足正常养护状况下需补充设备						
序号	名称	型号或规格	数量	年使用台班	购置年	序号	名称	型号或规格	数量		预计价格（元）	
1						1						
2						2						
3						3						
4						4						
5						5						
6						6						
	合计											

注：1. 管养单位以县级段为单位。

2. 养护公路按不同等级、地形条件分列。

3. 改扩建项目需进行现有设备养护能力分析、需求分析。

附表5　新疆冬季施工气温区划分表

地区(州)、市(县)	气温区
喀什地区(岳普湖县)	冬一区Ⅱ副区
伊犁哈萨克自治州(伊宁县、新源县、霍尔果斯市),巴音郭楞蒙古自治州(若羌县、且末县),阿克苏地区(沙雅县、阿瓦提县、阿拉尔市),克孜勒苏柯尔克孜自治州(阿图什市、阿克陶县),喀什地区(伽师县、喀什市、巴楚县、英吉沙县、麦盖提县、莎车县、叶城县、泽普县、图木舒克市),和田地区(皮山县、策勒县、墨玉县、和田市、洛浦县、民丰县、于田县、昆玉市)	冬二区Ⅰ副区
塔城地区(塔城市、裕民县、托里县),伊犁哈萨克自治州(霍城县、察布查尔锡伯自治县、伊宁市、尼勒克县、巩留县、特克斯县、可克达拉),吐鲁番地区,哈密地区(哈密市、伊吾县、新星市),巴音郭楞蒙古自治州(库尔勒市、和静县、焉耆回族自治县、和硕县、博湖县、轮台、尉犁县、铁门关市),阿克苏地区(乌什县、阿克苏市、温宿县、拜城县、新和县、库车市、柯坪县),克孜勒苏柯尔克孜自治州(乌恰县、阿合奇县),喀什地区(塔什库尔干塔吉克自治县)	冬三区
阿勒泰地区(哈巴河县、吉木乃县),塔城地区(额敏县、和布克赛尔蒙古自治县),伊犁哈萨克自治州(昭苏县、奎屯市、胡杨河市),博尔塔拉蒙古自治州(温泉县、精河县),昌吉回族自治州(昌吉市、木垒哈萨克自治县、五家渠市),乌鲁木齐市,哈密地区(巴里坤哈萨克自治县)	冬四区
阿勒泰地区(布尔津县、阿勒泰市、福海县、富蕴县、青河县、北屯市),塔城地区(沙湾市、乌苏市),克拉玛依市,博尔塔拉蒙古自治州(博乐市、双河市),石河子市,昌吉回族自治州(玛纳斯县、呼图壁县、阜康市、吉木萨尔县、奇台县)	冬五区

新疆公路绿化工程估算指标

说 明

估算指标采用费用指标。

1　工程项目所在地按综合片区划分。其中乌鲁木齐片区包括乌鲁木齐市、昌吉回族自治州,东疆片区包括哈密地区、吐鲁番地区,北疆片区包括石河子市、克拉玛依市、奎屯市、伊犁哈萨克自治州、博尔塔拉蒙古自治州、塔城地区、阿勒泰地区,南疆片区包括巴音郭楞蒙古自治州、阿克苏地区、喀什地区、克孜勒苏柯尔克孜自治州、和田地区。

2　本指标按公路等级划分。路线指标已综合了路基两侧、中央分隔带、服务区等区域和临时用地、保通工程、取弃土场等费用,以绿化里程编制;互通立交区以立交区绿化面积编制。绿化工程估算指标见表1。

表1　绿化工程估算指标

工程内容　挖树穴、苗木运输,栽植乔木、灌木等,撒草籽、铺草皮、浇水、除草、追肥、成活保养及场地平整等工程的全部工作。

序号	工程项目所在地	高速公路、一级公路		二级公路
		路线 (万元/km)	互通 (万元/1000m²)	路线 (万元/km)
		1	2	3
1	乌鲁木齐片区	48	6	24
2	东疆片区	36	3	18
3	北疆片区	72	10	36
4	南疆片区	36	4	18

注:改扩建项目,可按指标乘以系数0.8进行计算。

3　工程量计算规则:
(1)以绿化里程计的,需扣除大中桥、隧道长度。
(2)指标中不含植物(生态)防护工程。
(3)城镇段互通区有特殊景观要求的,应按实际工程量采用概算定额编制。
(4)苗木及地被植物运输已在指标中综合考虑,使用时不得另行增加。

新疆公路工程估概预算编制中的若干要求及注意事项

一、估概预算编制说明

（一）应载明路基土方的天然含水率、最佳含水率、最大干密度等基础数据。

（二）电价应根据工程所在地的供电情况采用经济的供电方式进行计算。如同时采用自发电、社会电网两种供电方式，应说明两种供电方式的比例；采用自发电时应注明发电机组总功率。

（三）当一条路线跨越两个以上不同工资、气温、雨量、海拔区时，应按各工资、气温、雨量、海拔区路线长度比例加权计算相关费用，并写明加权计算的过程。

（四）砂、砾石、砂砾等材料若自采，应注明成品率。

二、临时工程

（一）以辅助施工为目的的临时轨道、各种拌和设备安拆等费用计入相关项目分项内，不得计入临时工程。

（二）各种料场清理非适用材料、工程完工后恢复等费用计入绿化及环境保护工程内，不得计入临时工程。

三、路基工程

（一）填方段路基边缘加宽土体数量需在"路基每公里土石方数量表"明示，不计碾压及洒水费用。

（二）土石方运输平均运距在 15km 以上时，根据附表 2 计算运输费用；设计中借方必须载明最大干密度，弃方必须载明天然密实度：

借方运输费用 = 借方数量（压实方）（m^3）× 最大干密度（t/m^3）× 设计最高压实度（%）× 运价率 × 运距（km）

弃方运输费用 = 弃方数量（天然方）（m^3）× 天然密实度（t/m^3）× 运价率 × 运距（km）

四、路面工程

（一）部颁定额中面层、基层、垫层同一代号的材料，若级配、质量要求、运距不同，使用时注意在不同结构层的组价及代号的替换。

（二）水泥稳定材料、沥青混合料运输平均运距在 15km 以上时，应根据附表 2 计算运输费用：

水泥稳定材料、沥青混合料运输费用 = 设计结构数量(m^3) × 混合料最大干密度(t/m^3) × 运价率 × 运距(km)

(三)水泥稳定材料、沥青混合料拌和设备的拌和能力应结合工期、需要拌和的工程数量合理设置。

五、桥梁涵洞工程

(一)水泥混凝土运输平均运距在15km以上时,根据附表2计算运输费用:

水泥混凝土运输费用 = 设计混凝土数量(m^3) × 混凝土密度(t/m^3) × 运价率 × 运距(km)

(二)设计应载明构造物钢筋的加工方式,如采用工厂集中加工时,应载明钢筋笼运距。

(三)预制梁板底座、施工电梯、挂篮等施工辅助设施的设置数量应结合工期、工程数量合理设置。

六、隧道工程

设计应明示隧道施工时通风、照明的方式,注明施工排水情况。

七、其他

(一)运距超过15km的土方、沥青混合料、水泥稳定材料、水泥混凝土采用运价率计算运费时,取费类别为"运输"。

(二)定额使用注意事项:

1. 编制估算时应按《公路工程估算指标》(JTG/T 3821—2018)的要求正确使用指标,不得随意抽换指标内容,以免造成重算或漏算。

2. 《公路工程概算定额》(JTG/T 3831—2018)、《公路工程预算定额》(JTG/T 3832—2018)是按照合理的施工组织和一般正常的施工条件编制的,定额中所采用的施工方法和工程质量标准,是根据国家现行的公路工程施工技术及验收规范、质量评定标准及安全操作规程取定的,除定额中规定允许换算者外,均不得因具体工程的施工组织、操作方法和材料消耗与定额的规定不同而调整定额。

3. 部颁定额中水泥混凝土粗集料是采用碎石编制的,如采用砾石,应注意材料抽换并正确计算砾石价格。

4. 加工碎石用片石是指碎石料场用开采片石,注意与砌筑用片石价格的区别。开采片石与碎石加工为同一料场时,不计运杂费、采保费。

5. 卵砾石按设计用卵石和砾石掺配比例进行组价。

6. 路面底基层用砂砾、水泥稳定基层用砂砾如需要掺配碎石(砾石),设计应注明掺配体积比;底基层掺配时还应注明施工方式。

(三)与公路工程配套的房建和外水、外电工程的建筑、安装、设备费计入公路工程建筑安装工程费内,按公路工程标准计取工程建设其他费,由此发生的土地使用费计入土地使用及拆迁补偿费中。

附件 标准及规定

关于发布《高寒高海拔地区公路工程建设项目造价补充标准》的公告

(中国工程建设标准化协会公告第 692 号)

根据中国工程建设标准化协会《关于印发〈2016 年第二批协会标准制订、修订计划〉的通知》(建标协字〔2016〕084 号)的要求,由交通运输部路网监测与应急处置中心、中交第一公路勘察设计研究院有限公司等单位编制的《高寒高海拔地区公路工程建设项目造价补充标准》,经协会公路分会组织审查,现批准发布,编号为 T/CECS G:T35—2020,自 2021 年 2 月 1 日起施行。

中国工程建设标准化协会
2020 年 9 月 8 日

关于进一步放开建设项目专业服务价格的通知

(发改价格[2015]299号)

国务院有关部门、直属机构,各省、自治区、直辖市发展改革委、物价局:

为贯彻落实党的十八届三中全会精神,按照国务院部署,充分发挥市场在资源配置中的决定性作用,决定进一步放开建设项目专业服务价格。现将有关事项通知如下:

一、在已放开非政府投资及非政府委托的建设项目专业服务价格的基础上,全面放开以下实行政府指导价管理的建设项目专业服务价格,实行市场调节价。

(一)建设项目前期工作咨询费,指工程咨询机构接受委托,提供建设项目专题研究、编制和评估项目建议书或者可行性研究报告,以及其他与建设项目前期工作有关的咨询等服务收取的费用。

(二)工程勘察设计费,包括工程勘察收费和工程设计收费。工程勘察收费,指工程勘察机构接受委托,提供收集已有资料、现场踏勘、制定勘察纲要,进行测绘、勘探、取样、试验、测试、检测、监测等勘察作业,以及编制工程勘察文件和岩土工程设计文件等服务收取的费用;工程设计收费,指工程设计机构接受委托,提供编制建设项目初步设计文件、施工图设计文件、非标准设备设计文件、施工图预算文件、竣工图文件等服务收取的费用。

(三)招标代理费,指招标代理机构接受委托,提供代理工程、货物、服务招标,编制招标文件、审查投标人资格,组织投标人踏勘现场并答疑,组织开标、评标、定标,以及提供招标前期咨询、协调合同的签订等服务收取的费用。

(四)工程监理费,指工程监理机构接受委托,提供建设工程施工阶段的质量、进度、费用控制管理和安全生产监督管理、合同、信息等方面协调管理等服务收取的费用。

(五)环境影响咨询费,指环境影响咨询机构接受委托,提供编制环境影响报告书、环境影响报告表和对环境影响报告书、环境影响报告表进行技术评估等服务收取的费用。

二、上述5项服务价格实行市场调节价后,经营者应严格遵守《价格法》《关于商品和服务实行明码标价的规定》等法律法规规定,告知委托人有关服务项目、服务内容、服务质量,以及服务价格等,并在相关服务合同中约定。经营者提供的服务,应当符合国家和行业有关标准规范,满足合同约定的服务内容和质量等要求。不得违反标准规范规定或合同约定,通过降低服务质量、减少服务内容等手段进行恶性竞争,扰乱正常市场秩序。

三、各有关行业主管部门要加强对本行业相关经营主体服务行为监管。要建立健全服务标准规范,进一步完善行业准入和退出机制,为市场主体创造公开、公平的市场竞争环境,引导行业健康发展;要制定市场主体和从业人员信用评价标准,推进工程建设服务市场信用体系建设,加大对有重大失信行为的企业及负有责任的从业人员的惩戒力度。充分发挥行业协会服务企业和行业自律作用,加强对本行业经营者的培训和指导。

四、政府有关部门对建设项目实施审批、核准或备案管理,需委托专业服务机构等中介提供评估评审等服务的,有关评估评审费用等由委托评估评审的项目审批、核准或备案机关承担,评估评审机构不得向项目单位收取费用。

五、各级价格主管部门要加强对建设项目服务市场价格行为监管,依法查处各种截留定价权,利用行政权力指定服务、转嫁成本,以及串通涨价、价格欺诈等行为,维护正常的市场秩序,保障市场主体合法权益。

六、本通知自 2015 年 3 月 1 日起执行。此前与本通知不符的有关规定,同时废止。

国家发展改革委
2015 年 2 月 11 日

关于印发《新疆维吾尔自治区公路工程设计变更管理办法》的通知

(新交规〔2020〕12号)

伊犁哈萨克自治州交通运输局,各地、州、市交通运输局,厅属各单位:

为加强自治区公路工程建设管理,规范设计变更行为,有效控制建设成本,提高投资效益,保证工程质量,根据《公路法》《建设工程质量管理条例》《公路建设市场管理办法》《公路工程设计变更管理办法》等相关法律法规,结合我区近年来公路工程变更设计、审查、审批的实际情况,厅组织对《新疆维吾尔自治区公路工程设计变更管理办法》(新交体法〔2014〕10号)进行了修订,现将修订后的管理办法印发你们,请遵照执行。

新疆维吾尔自治区交通运输厅
2020年10月30日

新疆维吾尔自治区公路工程设计变更管理办法

第一条 为加强自治区公路工程建设管理,规范设计变更行为,有效控制建设成本,提高投资效益,保证工程质量,根据《中华人民共和国公路法》《建设工程质量管理条例》《公路建设市场管理办法》《公路工程设计变更管理办法》等相关法律法规规章,结合我区公路工程建设实际,制定本办法。

第二条 在自治区行政区域内,由各级交通运输主管部门批准初步设计的国、省道新(改、扩)建项目的设计变更,应当遵守本办法。

本办法所称设计变更,是指自公路工程初步设计批准之日起至通过竣工验收正式交付使用之日止,对已批准的初步设计文件、技术设计文件或施工图设计文件所进行的修改、完善等活动。

第三条 各级交通运输主管部门应加强对设计变更的监督管理。

(一)自治区交通运输厅负责指导全区设计变更管理工作,负责厅本级公路建设项目的设计变更监督管理工作;各地州市交通运输局负责本辖区内管建的公路工程的设计变更监督管理工作;

(二)各级交通运输主管部门应成立设计变更领导小组,负责职责范围内设计变更的

组织领导、制度建设和政策落实等工作,并应加强设计变更档案管理;

(三)各级交通运输主管部门应加强设计变更违规行为治理,定期组织开展排查,对排查出的问题要提出具体的整改措施,并监督落实到位;

(四)各级交通运输主管部门应加强设计变更信息化建设,推进"互联网+"、大数据、云平台、移动应用等信息化技术在设计变更各环节当中的应用,促进设计变更监督管理现代化。

第四条 建设单位(项目法人)具体负责设计变更的组织和管理。

(一)建设单位(项目法人)应在项目招标文件及合同条款中明确约定建设各方的管理职责,严格按照合同条款约定和本办法规定审查、申报或审批设计变更,并接受交通运输主管部门的监督管理;

(二)建设单位(项目法人)应加强合同管理,严格遵守合同约定,在公路工程项目招标文件及合同条款中应载明设计变更原则,明确公路工程项目建设资金控制和管理办法;

(三)各种建设管理模式、融资模式的公路工程建设项目,建设单位(项目法人)应按本办法的要求进行设计变更管理,按照合同约定和本办法规定的程序办理设计变更申报、审批手续。

第五条 公路工程设计变更应以优化、完善原设计为前提,以适应经济社会发展需求、节省建设资金、节约资源、方便施工、有利环保、利于营运及养护管理为原则,不影响原设计文件的完整性和工程的可实施性,符合国家有关工程强制性标准和技术规范的要求,符合工程质量、使用功能及安全的要求,符合环境保护的要求。

第六条 有下列情形之一的,可以进行设计变更:

(一)设计文件中存在错误、疏漏、缺失或者设计明显不合理;

(二)在保持原设计标准、质量前提下,可以降低投资或者节省土地,或有利于解决特殊的技术问题;

(三)采用新工艺、新技术、新材料、新设备,有利于提高工程质量、功效和促进技术进步;

(四)有利于改善行车条件、路容景观、提高使用寿命或者节省工程的维修、养护费用;

(五)由于地质、地形、文物、自然灾害等方面的原因或者其他不可预见因素,必须变更设计方案;

(六)由于相关规范、技术标准发生变化,需要变更设计;

(七)由于规划调整、实际需求和建设环境条件变化,导致公路功能定位较原设计发生变化,需要变更设计。

第七条 公路工程设计变更分为重大设计变更、较大设计变更和一般设计变更。

有下列情形之一的属于重大设计变更:

(一)连续长度10公里以上的路线方案调整的;

(二)特大桥的数量或结构形式发生变化的;

(三)特长隧道的数量或通风方案发生变化的;

(四)互通式立交的数量发生变化的;
(五)收费方式及站点位置、规模发生变化的;
(六)超过初步设计批准概算的。

有下列情形之一的属于较大设计变更:
(一)连续长度2公里以上10公里以下的路线方案调整的;
(二)连接线的标准和规模发生变化的;
(三)特殊不良地质路段处置方案发生变化的;
(四)路基宽度发生变化的;
(五)路面结构类型、宽度和厚度发生变化的;
(六)大、中桥的数量或结构形式发生变化的;
(七)隧道的数量或方案发生变化的;
(八)互通式立交的位置或方案发生变化的;
(九)分离式立交的数量发生变化的;
(十)监控、通信系统总体方案发生变化的;
(十一)管理、养护和服务设施的数量、规模或位置发生变化的;
(十二)其他单项工程费用变化超过500万元的;
(十三)超过施工图设计批准预算的。

一般设计变更是指除重大、较大设计变更以外的其他设计变更。

第八条 公路工程设计变更审批权限及程序。

厅本级公路建设项目,全部或者部分使用财政资金的,其重大设计变更、较大设计变更由建设单位(项目法人)初审,报自治区交通运输厅审批,需报部审批的,由自治区交通运输厅审查完成后报交通运输部。

各州、市(地)管建的公路建设项目,初步设计由交通运输部批准的,应按规定将重大设计变更报部审批,较大设计变更由各州、市(地)交通运输局负责审批。

PPP项目设计变更除遵守本办法外,应严格执行项目合同,所有设计变更均应按照合同约定的变更原则进行处理。

厅本级PPP项目由建设单位(项目法人)提出的重大、较大设计变更,建设单位(项目法人)组织专家评审,审查确认后,报项目社会资本方(含联合体成员)书面确认,填写《公路工程PPP项目重大(较大)设计变更申请表》,书面确认内容应包括新增资金来源的说明及承诺;自治区交通建设管理局全程参与专家审查,并出具明确审查意见,无自治区交通建设管理局明确意见的,不得上报交通运输主管部门审批。

对于厅本级PPP项目,由建设单位(项目法人)提出的重大、较大设计变更,涉及增加费用的,自治区交通运输主管部门原则只批复变更方案,不批复变更预算;涉及减少费用的,自治区交通运输主管部门同时批复变更方案和预算。

一般设计变更由建设单位(项目法人)参照本办法相关规定,根据项目管理实际制定变更管理办法进行实施管理,要严格控制办理时限,一般在15个工作日内完成。

经批准的设计变更一般不得再次变更。

第九条 为便于及时、全面掌握和动态控制设计变更总体情况和资金使用状况,加强投资控制,报自治区交通运输主管部门的所有设计变更实行统一归口管理,厅本级归口管理部门(厅建设管理处)会同相关处室进行联合审查;报各州、市(地)交通运输主管部门审批的设计变更由各州、市(地)交通运输主管部门设置归口管理部门进行管理。建设单位(项目法人)应建立变更台账,各级交通运输主管部门定期对台账进行抽查。

第十条 公路工程重大、较大设计变更统一由建设单位(项目法人)提出,并对真实性负责。变更理由应充分,资料应翔实。

勘察设计单位对建设单位(项目法人)提出的变更应有明确意见。

第十一条 建设单位(项目法人)对重大、较大设计变更申请及理由应进行审查核实。必要时,应组织公路工程勘察设计、施工和监理等单位及有关专家对设计变更申请进行现场核查,并进行经济、技术论证。形成书面确认意见后,按照审批权限向相关审批部门提出设计变更申请。申请资料包括:

(一)拟变更设计的公路工程名称、基本情况、原设计单位、设计变更的类别、变更的主要内容、变更的主要理由、变更费用估算等;

(二)设计变更申请的调查核实情况、合理性论证情况;

(三)勘察设计单位的意见;

(四)建设项目概(预)算执行情况表;

(五)变更清单及总费用;

(六)交通运输部、相关审批部门要求提交的其他资料。

相关审批部门自受理申请之日起15个工作日内做出是否同意开展设计变更勘察设计工作的决定,并书面通知建设单位(项目法人)。

对于设计变更理由充分、变更方案明确的,建设单位(项目法人)可以直接上报设计变更文件。相关审批部门视具体情况可以进行一次性批复。

第十二条 设计变更申请经批复后,建设单位(项目法人)组织编制设计变更文件。设计变更勘察设计文件应包括以下材料:

(一)设计变更说明(主要阐述设计变更提出的过程,变更理由和论证材料);

(二)设计变更的勘察设计图纸和原设计对应图纸以及分析对比说明材料;

(三)工程量、投资费用变化清单和分项概、预算文件以及对比说明材料。

第十三条 变更设计文件原则上应由项目原勘察设计单位承担。设计变更勘察设计单位应当自正式收到变更通知后,及时开展勘察设计工作,一般设计变更应在10个工作日内、重大及较大设计变更应在20个工作日内完成勘察设计,对于规模特别大、技术特别复杂的可适当延长。变更设计文件应达到施工图设计的深度,并对设计变更文件承担相应责任。

设计变更勘察设计单位应自行组织或委托有资质的单位独立进行勘察、实验等工作,不得直接利用施工单位的相关数据和资料。

第十四条 设计变更文件完成后,建设单位(项目法人)应在10个工作日内完成审查,修改完善后按程序上报相关审批部门,并提交以下资料:

（一）决定开展设计变更的批复；
（二）建设单位（项目法人）审查意见；
（三）设计变更勘察设计文件；
（四）其他有关文件及需说明的事项。

第十五条 厅本级重大、较大设计变更分为初审、上报、专项审查、厅技术会议审查、厅设计变更领导小组审议5个阶段，对于改变工程规模、建设标准、增加互通立交、增加连接线以及涉及增加费用金额较大（2000万元以上）等设计变更，厅设计变更领导小组审议通过后，应提请厅党委会会议研究审定。

（一）建设单位（项目法人）负责重大、较大设计变更上报。上报设计变更均应由建设单位（项目法人）按照设计变更管理办法要求进行初步审查，确保内容翔实、资料齐备后，按照变更程序向交通运输厅提出变更申请。

（二）收到建设单位（项目法人）设计变更请示后，厅业务处室应从方案是否合理、依据是否充分、程序是否到位、资料是否齐全等方面对设计变更进行符合性审查。通过审查的文件进入受理流程，未通过的应书面通知建设单位（项目法人）补充完善，建设单位（项目法人）应在5个工作内完成并重新上报。设计变更受理后，由规划设计研究中心和造价局分别开展技术和造价审查。

（三）规划设计研究中心负责对设计变更的技术审查，审查时限10个工作日。审查内容包括方案合理性、技术可行性和经济节约性等，如需现场核查或召开技术会议研究的，审查时限相应顺延。审查完成后，将审查意见及原文件及时反馈厅业务处室，由业务处室将审查意见书面通知建设单位（项目法人），建设单位（项目法人）应严格按照审查意见进行修改，并在10个工作日内完成修编重新上报。

（四）造价局负责对设计变更费用审查，审查时限10个工作日。审查内容包括预算项目是否合规、数量摘取是否准确、费率计取是否合理、定额采用是否正确等。未通过审查或无法审结的应书面通知建设单位（项目法人）按照审查意见修编，建设单位（项目法人）应严格按照审查意见进行修改，并在10个工作日内完成修编重新上报。审查完成后，将审查意见及原文件及时反馈厅业务处室。

（五）经专项审查后，报请厅分管领导组织召开厅技术审查会议对设计变更进行审查，并形成审查意见。

厅技术审查会议由厅分管领导主持，厅有关领导和相关单位（处室）负责人及有关人员参加，建设单位（项目法人）汇报设计变更情况，审查单位（部门）说明审查意见，参会人员讨论并形成意见。

建设单位（项目法人）汇报应能够准确反映变更事项，包括变更的原因和依据、规模和费用、工作开展和审查情况、有关意见和建议等。汇报采用多媒体投影方式，要求图文并茂，包括反映现场的照片、必要的方案设计图纸和有关文件、会议纪要的扫描图片等。

（六）厅技术审查会议通过后，由厅业务处室形成汇报材料报设计变更领导小组审议，并根据意见形成处理文件。

设计变更需报请厅党委会会议研究审定的，由业务处室向厅办公室提请上会。

第十六条 报交通运输部批准的重大设计变更,自相关审批部门受理之日起,在20个工作日内完成审查,并报送交通运输部。

其他重大、较大设计变更文件由相关审批部门自受理之日起,在20个工作日内批复。

需要专家现场核查后进行评审的,所需时间不计算在规定期限内。

第十七条 设计变更中涉及抢险内容工程,建设单位(项目法人)可先进行紧急抢险,同时书面报备相关审批部门,并在40个工作日内按规定补办相关手续,应附影像资料说明紧急抢险的情形。

抢险工程主要包括滑坡、泥石流、隧道涌突水、涌泥、大型坍方、结构工程严重破坏、水毁以及瓦斯爆炸、油气燃烧、地震、雪害等自然灾害对项目安全构成威胁的工程。

第十八条 对于地质环境条件存在复杂性及不确定性的隧道等特殊工程,需根据现场监测的实际数据并经建设单位(项目法人)现场机构确认,及时调整设计、施工方案,积极消除潜在的安全隐患,保证现场施工人员及结构安全,避免安全事故发生造成重大损失的,可先行组织设计变更,但必须根据设计变更总量变化情况及时向相关审批部门上报设计变更申请,并在实施中做好动态设计和工程量统计,应重视相关影像资料收集和保存,以便说明工程实际情况。

相关审批部门收到设计变更申请后,视具体情况做出下一步工作安排。

第十九条 公路工程设计变更的施工,原则上由原施工单位承担。

原施工单位不具备承担设计变更工程的资质时或存在争议不能达成一致意见的,建设单位(项目法人)应按有关规定通过招标等方式选择施工单位。

第二十条 设计变更预算应由具有造价人员资格证书的人员编制、审核,严格执行造价编制等规定,严把造价关,确保费用计算合理、真实。

第二十一条 公路工程设计变更预算按以下编制:

(一)重大、较大设计变更的建筑安装工程费按现行《公路基本建设工程概算、预算编制办法》及相关定额、补充规定编制并核定。人工、材料、机械、设备价格及费率采用原设计文件批复时的基期价格及费率。

由于公路工程设计变更发生的工程建设单位管理费、征地拆迁费等费用的变化,按照国家和自治区有关规定执行。

(二)一般设计变更原则上只计建筑安装工程费和征地拆迁费,不调整预算第二、三部分其他费用。

(三)由于公路工程设计变更发生的勘察设计费和监理费等费用,按照有关合同约定执行。

第二十二条 建设单位(项目法人)应加强设计变更管理,运用信息化手段,按项目建立公路工程设计变更管理台账,妥善保存与设计变更相关的文件资料。

应严格审查设计变更的真实性、必要性、合理性、经济性,严把设计变更关,杜绝虚假变更和"利益驱动"产生的变更,严格控制投资,尽可能降低工程造价。

严格控制增加费用的设计变更,对设计变更实行动态管理,总量控制。当项目发生总费用接近已批复的施工图预算时,原则上不再申报或批准设计变更(除上级主管部门行政性安排外)。

第二十三条　各单位应严格按照已批复的设计文件进行实施,不得随意修改、擅自变更已经批准的工程初步设计、技术设计和施工图设计文件。

第二十四条　设计变更的编制、审查、批复应严格按照本办法规定的程序进行。审批部门不得受理不符合规定的设计变更。任何单位不得肢解设计变更规避审批。

上级主管部门应对下级主管部门批复的设计变更进行抽查,有权纠正或撤销不合理的设计变更。

未按规定程序、权限进行审查、批准的设计变更不得实施,严禁未批先建。

未经批准的设计变更不得进入工程决算。

第二十五条　建设项目自交工验收进入试运营开始之日,任何单位不得再上报新的变更设计文件。

第二十六条　设计变更行为应纳入对相关单位信用评价、绩效考核和监督检查的内容,对违反本办法相关规定的要倒查责任,严肃追责。

第二十七条　勘察设计单位违反本办法规定,不能严格审核设计变更申请,未认真履行设计变更职责的,由建设单位(项目法人)按照合同约定处理;情节严重的,由各级交通运输主管部门进行通报批评或按照公路工程建设市场管理有关规定进行处罚。

因勘察设计质量原因造成重大、较大设计变更的,按有关规定扣减勘察设计费;设计咨询审查单位负有相关责任的,建设单位(项目法人)应扣减其咨询审查费。

对勘察设计单位审核同意并申报的设计变更,经查实为虚假变更的,建设单位(项目法人)应按照合同约定进行处理,扣减勘察设计费;情节严重的,按照公路工程建设市场管理有关规定进行处罚。

第二十八条　因施工单位原因或过失引起的设计变更,施工单位应承担相应的费用。工程质量不符合标准规定的,施工单位必须负责返工,并赔偿因此造成的损失。

施工单位在变更中弄虚作假、虚报工程量、套取资金的,由建设单位(项目法人)取消该申报变更,扣减虚假变更申报额度,同时依法对施工单位进行处理;情节严重的,向有关部门提出降低资质等级、吊销资质证书等处理意见。

第二十九条　监理单位未认真履行审查职责,在变更中参与施工单位共同弄虚作假、虚报工程量、套取资金的,由建设单位(项目法人)依法对监理单位进行处理;情节严重的,向有关部门提出降低资质等级、吊销资质证书等处理意见。

第三十条　各州、市(地)交通运输主管部门、建设单位(项目法人)、相关单位及人员有下列行为之一的,由自治区交通运输主管部门责令改正、通报批评,并和年度考核挂钩;情节严重的,追究有关负责人的责任。

(一)不按照规定权限、程序审查、上报、批复工程设计变更的;

(二)将工程设计变更肢解规避审批的;

(三)未经审查批准或者审查未通过,擅自实施设计变更的;

(四)不及时上报、批复设计变更,影响施工进度以及交竣工验收的;

(五)建设项目进入试运营后继续批复设计变更的;

（六）由于工作不认真，未能发现施工单位弄虚作假、虚报工程量、套取资金变更的。

第三十一条 自治区交通运输主管部门，各州、市（地）交通运输主管部门、建设单位（项目法人）、相关单位及人员，在设计变更中滥用职权、玩忽职守、谋取不正当利益的，由主管部门或纪检监察部门根据有关规定给予党纪、政纪处分；构成犯罪的，依法追究刑事责任。

第三十二条 本办法由自治区交通运输厅负责解释。

第三十三条 各州、市（地）交通运输主管部门可参照本办法，制定本地区的设计变更管理办法。

第三十四条 本办法自 2020 年 11 月 1 日起施行。

附件：公路工程 PPP 项目重大（较大）设计变更申请表（略）

关于做好《土地管理法》施行后过渡期内土地征收管理工作的通知

（新政办函〔2020〕39号）

伊犁哈萨克自治州，各州、市人民政府，各行政公署：

为贯彻落实新修正《土地管理法》关于土地征收工作的规定，保障我区经济社会发展用地，切实维护被征地农民合法权益、促进社会和谐稳定，根据自然资源部相关文件要求，结合我区疫情防控和重点项目落地需要的实际，现就做好新修正的《土地管理法》施行后过渡期内（自2020年1月1日新修正的《土地管理法》实施至自治区征地区片综合地价出台期间）土地征收管理工作通知如下：

一、严格限定土地征收范围

土地征收必须严格限定在新修正的《土地管理法》第四十五条规定的公共利益范围内。各地（州、市）、县（市、区）人民政府拟申请项目用地需征收土地时，应对照新修正的《土地管理法》界定该项目用地是否符合公共利益的需要，符合公共利益需要的要说明其符合哪种情形并在报自治区人民政府请示中予以特别说明。其中：在自然资源部出台"成片开发建设"标准前，以符合"成片开发建设"公共利益情形申请征地的，要符合国民经济和社会发展规划、土地利用总体规划、城乡规划和专项规划，以改善人居环境、惠及广大群众为目的，列入地（州、市）、县（市、区）国民经济和社会发展计划，由地（州、市）、县（市、区）人民政府组织专家对是否属于公共利益进行论证，并出具属于公共利益范围的论证意见。

二、依法严格执行土地征收管理程序

（一）严格做好征地前期工作。符合公共利益需要确需征收土地的，县（市、区）人民政府在申请用地前应完成以下工作：

一是发布土地征收启动公告。县（市、区）人民政府在拟征收土地所在的乡（镇）和村、村民小组范围内发布土地征收启动公告，公告内容包括征收范围、征收目的、开展土地现状调查的安排等，公告时间应不少于5个工作日。土地征收启动公告自发布之日起，任何单位和个人不得在拟征地范围内抢栽抢建；违反规定抢栽抢建的，不予补偿。

二是开展土地现状调查和社会稳定风险评估。县（市、区）人民政府组织自然资源等部门和乡镇人民政府、农村集体经济组织等，对拟征收土地的权属、地类、面积，以及村民住宅、其他地上附着物和青苗等的权属、种类、数量等信息开展现状调查，填写相关调查表，并由调查方代表和土地及地上物权利人签字。同时，县（市、区）人民政府组织有关部门和有资质的单位,对征收土地的社会稳定风险状况进行综合研判,确定风险点,提出风险防范措施和处置预案。

三是发布征地补偿安置公告。县(市、区)人民政府要结合社会稳定风险评估结果,组织本级自然资源、财政、人力资源和社会保障、农业农村、林业和草原等部门编制征地补偿安置方案,方案包括征收范围、土地现状、征收目的、补偿标准、安置方式和社会保障等内容,同时载明办理补偿登记期限、异议反馈渠道等内容,其中:人力资源和社会保障部门要说明符合《关于完善自治区被征地农民参加基本养老保险有关政策的通知》(新人社发〔2017〕86号)要求的社会保障标准和措施。征地补偿安置方案需在拟征收土地所在的乡镇和村、村民小组范围内进行公告,公告时间至少30日。

超过半数被征地的农村集体经济组织成员认为征地补偿安置方案不符合法律、法规规定的,实施征地的县(市、区)人民政府应当组织有关部门召开听证会,并根据有关法律法规规定和听证会情况修改方案。

四是办理补偿登记。拟征收土地的所有权人、使用权人应在公告规定期限内,持不动产权属证明等办理补偿登记。

五是签订征地补偿安置和社会保障协议。县(市、区)人民政府根据有关规定,组织有关部门与拟征收土地的所有权人、使用权人签订征地补偿安置和社会保障协议:征收农用地的应与土地的所有权人、农地承包经营权人签订协议;征收、征用林地林木的,应与林地林木的所有权人、使用权人签订协议;征收集体建设用地的应与土地的所有权人、使用权人签订协议,涉及房屋征收的应与宅基地使用权人或房屋所有权人签订房屋征收补偿协议;征收未利用地的要与土地的所有权人签订协议。个别确实难以达成协议的,在申请征收土地时如实说明。县(市、区)人民政府应组织有关部门测算并落实相关费用,保证足额到位。

上述土地征收前期工作完成后,地(州、市)、县(市、区)人民政府方可申请征收土地。

(二)逐级报批。申请征收土地的地(州、市)、县(市、区)人民政府,应当逐级报有批准权的上一级人民政府批准。地(州、市)、县(市、区)人民政府要对征地程序履行和材料的真实性负责,县(市、区)自然资源主管部门负责征地程序履行情况审查并留存审查材料。地(州、市)人民政府上报用地请示中要明确征地前期程序履行情况,包括协议签订的具体情况等。

(三)组织实施。征收土地申请经依法批准后,实施征地的县(市、区)人民政府应当发布土地征收公告并组织实施。土地征收公告的内容包括:征收土地的目的、范围、面积、征地批准文件、补偿安置方案、资金拨付方式和拨付时间、腾退土地有关要求、行政救济途径等。

三、认真做好土地征收补偿

(一)严格执行征地补偿标准。在2019年12月31日前,经依法批准的建设用地已公告征地补偿安置方案并经批准的,按照公告确定的标准执行;2020年1月1日后至自治区区片综合地价等标准发布实施前批准的土地征收项目,征地补偿安置仍按原征收补偿标准执行,但县(市、区)人民政府要出具承诺书,承诺在自治区区片综合地价标准正式发布实施后重新测算,并在新标准公布施行之日起3个月内向农村集体经济组织和农牧民补齐超出原标准的土地补偿费和安置补助费等征地补偿费差额;地上附着物及青苗补偿按现行标准执行,对其中的农村村民住宅,应当按照先补偿后搬迁、居住条件有改善的原则,尊重农村村民意愿,采取恰当方式给予合理补偿;农民养老等社会保障费用标准,在过渡期内参照《关于完善自治区被征地农民参加基本养老保险有关政策的通知》(新人社发〔2017〕86号)文件中社会保障费用标准执行,新旧政策不一致的,应按新修正的《土地管理法》规定的社保标准执行。社会保障费用由所在地县(市、区)人民政府单独列支。

(二)规范征地补偿费用分配方式。征地区片综合地价包括土地补偿费和安置补助费。土地补偿费归农村集体经济组织所有。安置补助费必须专款专用,不得挪作他用,其中:需要安置的人员由农村集体经济组织安置的,安置补助费支付给农村集体经济组织,由农村集体经济组织管理和使用;由其他单位安置的,安置补助费支付给安置单位;不需要统一安置的,安置补助费发放给被安置人员个人或者征得被安置人员同意后用于支付被安置人员的保险费用。农村村民住宅、其他地上附着物和青苗等的补偿费用归其所有权人所有。社会保障费用主要用于符合条件的被征地农民的养老保险等社会保险缴费补贴。

各级人民政府要按时足额支付补偿费,不得截留、侵占、挪用,严禁在征地中弄虚作假、违规套取补偿费。对侵害被征地群众合法权益的,将严肃追究相关责任单位和人员责任。

四、深入推进征地信息公开

根据《自然资源部办公厅关于印发农村集体土地征收基层政务公开标准指引的通知》(自然资办函〔2019〕1105号)有关规定,各地(州、市)人民政府要利用政府网站、报纸等媒体,切实做好征地信息公开工作,充分发挥基层在实施征地中的主体作用,全面提升土地征收基层政务公开和政务服务水平,切实保障被征地农民合法权益。

五、切实加强组织保障工作

(一)加强组织领导。地(州、市)、县(市、区)人民政府是实施土地征收的法定主体,也是落实过渡期内土地征收工作的责任主体,要加强组织领导,细化责任分工,层层压实责任,主动回应社会关切,妥善处理过渡期政策落实中出现的问题,确保过渡期土地征收平稳有序。

(二)加强协调联动。各级自然资源部门要在本级人民政府领导下,认真履职尽责,加强与相关部门的协调联动,形成工作合力。

(三)强化监督管理。自治区自然资源厅要统筹做好过渡期内土地征收的督促与指导工作。各级自然资源部门要把过渡期内土地征收实施情况纳入耕地保护责任目标年度考核内容,加强监管,确保土地征收工作有序推进。

本通知自 2020 年 1 月 1 日起实施,2020 年 1 月 1 日至本通知印发期间发生的土地征收行为,要对照本通知要求对用地申请材料进行补充完善。国家出台有关规定后,按国家规定执行。各地可根据实际制定实施细则。

新疆维吾尔自治区人民政府办公厅
2020 年 4 月 24 日

关于印发《新疆维吾尔自治区矿产资源管理若干事项暂行办法》的通知

(新自然资规〔2021〕1号)

伊犁哈萨克自治州,各州、市、县(市、区)人民政府,各行政公署,自治区人民政府有关部门:

《新疆维吾尔自治区矿产资源管理若干事项暂行办法》已经自治区人民政府同意,现予印发,请认真贯彻执行。

新疆维吾尔自治区自然资源厅
2021年1月15日

新疆维吾尔自治区矿产资源管理若干事项暂行办法

第一章 总 则

第一条【目的依据】为贯彻落实中共中央、国务院关于矿产资源管理改革精神,提升行政效能,加快自治区矿产资源优势向经济优势转化,保障地质勘查和矿产开发高质量发展,根据国务院《矿产资源勘查区块登记管理办法》《矿产资源开采登记管理办法》和《自然资源部关于推进矿产资源管理改革若干事项的意见(试行)》(自然资规〔2019〕7号)等法规政策,结合自治区实际,制定本办法。

第二条【适用范围】在自治区行政区域内实施探矿权采矿权管理和矿产资源勘查开采适用本办法。

第三条【定义】探矿权、采矿权统称为矿业权。依法取得探矿权、采矿权的法人或其他经济组织称为探矿权人、采矿权人或矿业权人。

第二章 矿业权出让登记管理权限

第四条【出让登记权限】实行同一矿种矿业权出让、登记同级管理,按照矿种划分矿业权出让、登记权限。

自治区负责煤、煤层气等能源矿产,铁、铜等金属矿产,石棉、蛭石等非金属矿产,矿泉水、二氧化碳气等水气矿产矿业权出让、登记;地(州、市)负责石灰岩、花岗岩等非金属矿产矿业权出让、登记;县(市)负责砖瓦用黏土、建筑用砂(河道管理范围外)采矿权出让、登记(具体矿产种类出让、登记权限见附件),河道管理范围内砂石土开采管理适用河道管理相关规定。

变更或增加(增列)矿种按照主矿种权限管理。跨行政区域的矿业权,由其上一级自然资源主管部门明确管理权限。在本办法执行前已有矿业权延续、变更、注销登记,按照本办法明确的权限移交。

第五条【事项管理权限】矿山开发利用方案、矿山地质环境保护与土地复垦方案评审,矿产资源储量评审备案、矿业权出让收益市场基准价(率)编制发布及矿业权出让收益、占用费(使用费)收缴等工作,按照矿业权出让、登记权限,由登记的自然资源主管部门负责,相关费用纳入本级财政预算。

第六条【出让矿业权审查审批】自然资源主管部门按照矿业权出让、登记权限建立年度出让项目库。出让矿业权,应当征求同级发改、工信、生态环境、应急、林草、水利、交通等主管部门合规性意见后,报本级人民政府审批。

除国家、自治区矿产资源管理法定规定外,各地(州、市)、县(市)人民政府不得在矿业权出让、登记中"搭车"收费或设置前置条件。

第七条【矿业权实地核查责任】矿业权实地查验核查按照矿业权出让、登记权限组织实施。出让、登记矿业权前应当进行实地核查,县级以上自然资源主管部门应当按照要求向上一级自然资源主管部门出具矿业权实地核查意见。

第三章 矿业权市场化配置

第八条【竞争性出让】全面实行矿业权竞争性出让。除国家规定可以协议方式出让情形外,其他矿业权一律采取招标、拍卖、挂牌方式公开竞争性出让。

矿业权出让前,应当在自然资源部、矿业权出让登记权限同级自然资源主管部门门户网站(或政府门户网站)和政府公共资源交易平台发布公告,公告不少于20个工作日。

第九条【协议出让】严格控制矿业权协议出让。稀土、放射性矿产勘查开采项目,或国务院批准的重点建设项目(包括国务院或国家发展和改革委员会批准的国家重点矿产资源勘查开采项目、国务院明确要求予以矿产资源保障的重点项目),可以协议方式向特定主体出让矿业权;已设采矿权深部或上部的同类矿产(《矿产资源分类细目》类别中普通建筑、砖瓦用砂石土类矿产除外),需要利用原有生产系统进一步勘查开采的,可以协议方式向同一主体出让。

以协议方式出让矿业权的,应当进行矿业权出让收益评估、按规定公示评估结果,根据评估和市场基准价就高确定矿业权出让收益。

第十条【综合利用及砂石土矿差别化管理】采矿权人在批准的矿区范围和采矿许可证有效期内回收利用采矿废石,无须另行办理采矿登记。采矿权已经灭失,对其形成的采矿废石进行利用,应当按规定办理采矿登记。

县级以上人民政府批准的公益性、基础性工程建设项目,在批准的范围和建设工期内用于本项目的砂石土矿,无须办理采矿登记。项目完成后确有剩余的,由项目所在地县级以上人民政府通过公共资源交易平台对外销售,销售收益纳入财政统一管理。

第十一条【矿业权人条件】探矿权申请人原则上应当为营利法人或非营利法人中的事业单位法人,采矿权申请人原则上应当为营利法人。其中,油气矿业权申请人,需在中华人民共和国境内注册,且净资产不低于3亿元人民币(煤炭矿业权增列煤层气的,不受净资产不低于3亿元人民币的限制)。

第十二条【"净矿"出让】实行"政府组织、部门配合、社会监督"的"净矿"出让工作机制。批准出让矿业权的人民政府在批准出让前应当组织做好矿产资源勘查开采合规性审查,相关部门依照本部门职责做好与用地、用林、用草、用水、环境保护、安全生产等事项衔接,优化工作流程,提高服务效率,自觉接受社会监督,以便矿业权出让后,矿业权人顺利办理相关手续,正常开展勘查开采工作。

砂石土矿采矿权一律实行"净矿"出让,推进其他矿种矿业权"净矿"出让。

第十三条【出让矿业权纠错】由于不可抗力、产业政策限制或矿业权出让前期工作原因导致矿业权人无法勘查或开采的,自然资源主管部门应当依据矿业权人申请,实地核实情况,公示核实结果。经公示无异议的,报本级人民政府批准,可以协商撤回或局部调整已出让的矿业权范围,按照有关规定退还或补缴矿业权出让收益。

第四章 矿业权出让登记管理

第十四条【探矿权登记期限】以出让方式设立的探矿权首次登记期限最长为5年,每次延续登记期限最长为5年。

申请探矿权延续应当扣减首次设立探矿权的勘查许可证证载面积25%,非油气矿产已提交资源量或油气矿产探明地质储量的范围及已设采矿权矿区范围垂直投影的上部或深部勘查除外。

2020年5月1日前已有探矿权到期延续时,应当签订出让合同,延续前的勘查许可证证载面积视为首次设立面积,并按照上述规定执行延续。

第十五条【煤层气探采合一制度】油气实行探采合一制度。煤层气探矿权人发现可供开采的煤层气资源,按照规定报告自治区自然资源主管部门并依法办理项目备案、用地、环境影响评价、安全生产许可等相关事项后即可进行开采,但应当在报告之日起5年内签订采矿权出让合同,依法办理采矿登记。

第十六条【矿业权保留、变更、分立及注销】已登记保留的探矿权,如不能满足转采矿权相关要求的,可申请探矿权延续,继续开展勘查工作。已设探矿权全部或部分区域已转采矿权的,原探矿权应当申请注销或变更勘查区范围(扣除转采矿权区域)。已设探矿权因转采矿权申请分立的,勘查工作程度应当达到详查及以上。同一矿业权人的已设采矿权(《矿产资源分类细目》类别中普通建筑、砖瓦用砂石土类矿产除外)深部、上部及周边同类矿产探矿权勘查程度达到详查及以上的,可申请变更(扩大)该采矿权矿区范围。

国家司法、行政、监察机关正在审判、行政复议、审查并明确要求及按照相关法律法规规定不能办理矿业权登记手续的,各级自然资源主管部门暂停办理相关登记手续。正在抵押的矿业权暂不办理转让、变更、注销登记,法律法规另有规定的除外。

第十七条【煤炭矿业权转让变更】转让变更煤炭矿业权,矿业权所在地(州、市)人民政府(行政公署)应当根据相关煤炭矿区总体规划、煤炭工业发展规划、矿区矿业权整合等要求,出具是否同意转让变更意见,自治区自然资源主管部门审核后报自治区人民政府批准。

第十八条【矿业权自行废止和注销】除不可抗力或政府及其有关部门原因外,矿产资源勘查、采矿许可证有效期届满,矿业权人未在规定期限内申请延续、保留、注销登记;或申请延续、保留时自然资源主管部门依法不予登记且矿业权人在规定期限内未申请注销登记的,按照矿业权出让、登记权限,由自然资源主管部门在门户网站(或同级政府门户网站)公示60日,公示期满无异议的自行废止,予以注销。

第十九条【生态保护红线】除法律、法规和自然保护地、生态保护红线管制规则允许外,不得在自然保护地、生态保护红线等禁止、限制勘查开采区内新设立矿业权。禁止、限制勘查开采区优化调整后,原已设立的矿业权部分或全部面积已不在禁止、限制区范围内,或国家相关主管部门、自治区人民政府批准的,矿业权人可申请恢复已退出的矿业权(按规定扣减的范围除外)。

第二十条【矿业权出让合同管理】出让矿业权,自然资源主管部门应当与受让人签订出让合同,载明出让的矿业权基本信息,明确双方的权利义务。双方除遵守国家、自治区矿产资源管理有关法律、法规、政策和标准、规范外,还应当遵守矿业权出让合同的约定,依法履行法定权利和义务。矿业权人履行法定权利、义务和合同约定情况纳入全国矿业权人勘查开采信息公示系统。

第二十一条【矿业权出让登记监督】矿业权出让、登记实行自治区矿业权管理信息系统一体化管理,纳入自治区一体化在线政务服务平台,统一矿业权出让、登记程序和审核标准。自治区自然资源主管部门对全区矿业权出让、登记实行动态监测。

第二十二条【绿色勘查开采】勘查开采矿产资源应当坚持生态环境保护优先和绿色发展,将保护生态环境、节约集约开发利用矿产资源贯穿勘查开采全过程。

推进绿色勘查、绿色矿山和绿色矿业发展示范区建设,严格开采规模和安全生产、生态环境保护等准入标准,严禁"三高"项目进新疆。

第五章 矿产资源储量管理

第二十三条【改革矿产资源储量分类】全面落实地质勘查和矿产资源储量国家技术标准及规范。将矿产勘查分为普查、详查、勘探三个阶段。固体矿产分资源量和储量两类,资源量按照地质可靠程度由低到高分为推断资源量、控制资源量和探明资源量三级,储量按照地质可靠程度和可行性研究结果分为可信储量和证实储量两级。油气矿产资源储量分资源量和地质储量两类,资源量不再分级,地质储量分为预测地质储量、控制地质储量和探明地质储量三级。

第二十四条【减少储量评审备案范围】减少自然资源主管部门直接评审备案矿产资源储量范围。探矿权转采矿权,采矿权变更矿种或范围,煤层气矿产在探采矿期间探明地质储量、其他矿产在采矿期间资源储量发生重大变化(变化量超过30%或达到中型规模以上)、建设项目压覆重要矿产资源,或其他涉及矿产资源国家所有者权益处置的(此类情形仅评审不备案),由自然资源主管部门按照矿业权出让、登记权限负责矿产资源储量评审备案;其他不再由自然资源主管部门直接进行评审备案。

自然资源主管部门进行矿产资源储量评审,可直接组织开展,也可委托矿产资源储量评审机构开展。

第二十五条【归并储量评审备案登记事项】简化归并矿产资源评审备案和登记事项。将矿产资源储量登记书内容纳入评审备案管理,作为矿产资源储量统计的依据。

自然资源主管部门依据矿业权人或压矿建设项目单位提交的矿产资源储量评审备案申请,对矿产资源储量报告进行审查,出具评审备案文件。

各级自然资源主管部门应当按照矿业权出让、登记权限建立本级矿产资源储量数据库,并与自治区矿产资源储量数据库衔接。

第六章 矿业权出让收益处置

第二十六条【矿业权出让收益评估】自然资源主管部门出让矿业权涉及国家所有者权益处置的,应当按照规定进行矿业权出让收益评估。

第二十七条【矿业权出让收益收缴】矿业权出让收益按出让合同约定缴纳。矿业权出让收益低于500万元(含)的,须在办理矿业权登记前一次性缴纳;500万元至1000万元(含)的,首次缴纳不低于50%;1000万元至2000万元(含)的,首次缴纳不低于40%;2000万元至5000万元(含)的,首次缴纳不低于30%;5000万元以上的,首次缴纳不低于20%。

第二十八条【未缴纳矿业权出让收益收缴】已设采矿权深部或上部的探矿权、已有探矿权经批准变更或增加勘查矿种及应当缴纳出让收益(价款)但尚未缴纳的矿业权,应当在办理采矿权登记时按照规定处置矿业权出让收益。

转让探矿权,未缴纳的出让收益由受让人缴纳。转让采矿权并分期缴纳出让收益的,采矿权人需缴清已到期应缴部分,剩余部分由受让人继续缴纳。

第二十九条【矿业权出让收益特殊情形收缴】以有偿方式取得的矿业权,原评估资源量范围(包括平面和剖面,下同)小于矿业权范围、申请转采矿权时查明储量范围大于原评估资源量范围、《矿业权出让收益征收管理暂行办法》(财综〔2017〕35号)实施前出让的探矿权探明储量大于原出让评估时储量、采矿权增加资源量和储量的,应当按照规定缴纳矿业权出让收益。

探矿权未转为采矿权的,不再缴纳出让收益。

第三十条【试行出让收益率收缴矿业权出让收益】煤层气、油砂、油页岩、地热(干热岩)、矿泉水等矿产资源试行按矿业权出让收益率收缴矿业权出让收益,探索其他矿种矿产资源按矿业权出让收益率收缴矿业权出让收益。

第三十一条【矿业权出让收益分成】矿业权出让收益自治区本级收缴的,按中央40%、自治区60%分成处置;地(州、市)收缴的,按中央40%、地(州、市)37.5%、县(市)

22.5%分成处置；县(市)级收缴的,按中央40%、地(州、市)7.5%、县(市)52.5%分成处置。国家、自治区另有规定的从其规定。

第七章　财政出资地质勘查工作

第三十二条【财政出资地勘项目管理】中央或自治区、地(州、市)财政出资的地质勘查项目不设置探矿权,凭项目任务书开展地质勘查工作,并依法办理相关手续。地(州、市)财政出资的地质勘查项目仅限于其矿业权出让、登记权限内的矿种,且应当报自治区自然资源主管部门备案。

财政出资地质勘查项目实行成果清单管理,根据矿业权出让、登记权限由自然资源主管部门面向各类市场主体公开竞争性出让矿业权。

第三十三条【构建多元化地勘投入机制】稳定自治区基础地质调查、矿产勘查财政资金投入,激励自治区地质勘查事业单位(含中央驻疆)利用自有资金开展地质找矿,探索建立自治区地质勘查基金,多元化加大地质矿产勘查投入。

第八章　附　　则

第三十四条【执行时间和相关规定】本办法自发布之日起执行。本办法实施前的规定与本办法不一致的,按照本办法执行;本办法与国家新规定不一致的,按照国家新规定执行。

附件:自治区矿业权出让登记权限表(略)

关于公布自治区征收农用地区片综合地价标准的通知

(新自然资规〔2020〕4号)

伊犁哈萨克自治州,各州、市、县(市、区)人民政府,各行政公署,自治区人民政府各部门、各直属机构：

根据《中华人民共和国土地管理法(2019年修订)》(以下简称"新修订《土地管理法》")和《关于开展征收农用地区片综合地价制定工作的通知》(新政办发〔2019〕120号)要求,自治区组织开展了以县(市、区)为单位的征收农用地区片综合地价(以下简称"区片综合地价")制定工作。经2020年12月2日自治区人民政府常务会议研究同意,现将自治区征收农用地区片综合地价标准予以公布,并就有关事项通知如下：

一、准确把握区片综合地价内涵

区片综合地价是新修订《土地管理法》规定征收农民集体农用地实际补偿费用的一部分,由土地补偿费和安置补助费两部分组成,不包括被征地农民社会保障费用、地上附着物和青苗等的补偿费用。结合自治区实际,土地补偿费不高于区片综合地价的30%,安置补助费不低于区片综合地价的70%。

二、严格执行区片综合地价标准

区片综合地价标准一经公布要严格执行,不得降低,原则上同地同价,不因征地目的、土地用途和种植作物的不同而有差异,但同一区片内不同类型农用地的质量存在明显差异的,可以设定地类调节系数进行调节。其中,林地的补偿标准不低于所在区片综合地价标准的0.4倍,最高不超过所在区片综合地价标准的1.0倍;草地(不含人工牧草地)的补偿标准最高不超过所在区片综合地价标准的0.3倍;人工牧草地的补偿标准不低于所在区片综合地价标准的0.5倍。依法收回国有农用地的补偿费用,参照本标准执行。

三、切实做好区片综合地价的公布实施

各地(州、市)人民政府(行政公署)要高度重视,采取有效措施,在2020年12月底前完成所辖县(市、区)区片综合地价成果公布实施工作,及时做好政策宣传解释,加强对区片综合地价执行情况的监管,建立社会风险评估和纠纷协调处理机制,确保区片综合地价标准顺利实施。自治区发改委、财政厅、人社厅、自然资源厅、农业农村厅、市场监督管理局、统计局、林业和草原局等相关部门要加强对全区区片综合地价实施情况的监督和指导,及时协调解决实施中出现的问题。

四、及时做好区片综合地价数据填报入库

自然资源部已建立全国征收农用地区片综合地价数据库,并开发了相应的管理系统。各地要在区片综合地价公布之日起 1 个月内完成数据填报入库工作。自治区自然资源厅负责组织地(州、市)、县(市、区)自然资源主管部门填报区片综合地价数据,并负责设置各地管理系统用户信息,以及区片综合地价数据审核、汇交等相关工作。各地(州、市)自然资源主管部门要加强对辖区区片综合地价入库数据指导把关,对其真实性、完整性、准确性负责。

五、认真做好新旧补偿标准的衔接

自治区区片综合地价标准自 2021 年 1 月 1 日起施行,2020 年 1 月 1 日至本次区片综合地价标准公布施行期间,已组织征地报批的,按照《关于做好〈土地管理法〉实施后过渡期内土地征收管理工作的通知》(新政办函〔2020〕39 号)规定执行。今后我区根据经济社会发展情况,依法至少每三年调整或者重新公布一次区片综合地价标准,已出台的有关文件,内容与本《通知》不一致的,以本文为准。

附件:自治区征收农用地区片综合地价标准

新疆维吾尔自治区自然资源厅
2020 年 12 月 8 日

附件

自治区征收农用地区片综合地价标准

地(州、市)名称	县(市、区)名称	区片编号	区片综合地价 元/亩
乌鲁木齐市	水磨沟区	Ⅰ	197500
		Ⅱ	138400
	沙依巴克区	Ⅰ	197500
	经济技术开发区(头屯河区)	Ⅰ	197500
	天山区	Ⅰ	138400
	高新技术产业开发区(新市区)	Ⅰ	197400
		Ⅱ	138300
	米东区	Ⅰ	190500
		Ⅱ	135700
		Ⅲ	42900
	达坂城区	Ⅰ	46100
		Ⅱ	45200
	乌鲁木齐县	Ⅰ	51800
		Ⅱ	44900
伊犁哈萨克自治州	伊宁市	Ⅰ	54300
		Ⅱ	53900
		Ⅲ	53500
	霍尔果斯市	Ⅰ	40100
		Ⅱ	39500
	奎屯市	Ⅰ	40700
		Ⅱ	39800
	伊宁县	Ⅰ	39200
		Ⅱ	38800
		Ⅲ	38400
	察布查尔锡伯自治县	Ⅰ	39400
		Ⅱ	38600
		Ⅲ	37800
	特克斯县	Ⅰ	39500
		Ⅱ	38700
		Ⅲ	37900
	巩留县	Ⅰ	39000
		Ⅱ	38300
		Ⅲ	37800

自治区征收农用地区片综合地价标准(续)

地(州、市)名称	县(市、区)名称	区片编号	区片综合地价 元/亩
伊犁哈萨克自治州	尼勒克县	Ⅰ	39600
		Ⅱ	38800
		Ⅲ	38000
	新源县	Ⅰ	40000
		Ⅱ	39600
		Ⅲ	39000
	霍城县	Ⅰ	39800
		Ⅱ	39000
		Ⅲ	38000
	昭苏县	Ⅰ	39300
		Ⅱ	38500
		Ⅲ	37800
阿勒泰地区	阿勒泰市	Ⅰ	40600
		Ⅱ	40000
	布尔津县	Ⅰ	38900
		Ⅱ	38300
	哈巴河县	Ⅰ	38700
		Ⅱ	37600
	吉木乃县	Ⅰ	38200
		Ⅱ	37500
	福海县	Ⅰ	39600
		Ⅱ	38900
	富蕴县	Ⅰ	40100
		Ⅱ	39400
	青河县	Ⅰ	33400
		Ⅱ	32500
塔城地区	塔城市	Ⅰ	40800
		Ⅱ	40000
		Ⅲ	39000
	乌苏市	Ⅰ	40400
		Ⅱ	39400
		Ⅲ	38500

自治区征收农用地区片综合地价标准（续）

地(州、市)名称	县(市、区)名称	区片编号	区片综合地价 元/亩
塔城地区	裕民县	Ⅰ	39400
		Ⅱ	38700
		Ⅲ	38300
	和布克赛尔蒙古自治县	Ⅰ	38450
		Ⅱ	37500
	托里县	Ⅰ	39500
		Ⅱ	38700
		Ⅲ	38200
	额敏县	Ⅰ	40700
		Ⅱ	39100
		Ⅲ	38100
	沙湾县	Ⅰ	40500
		Ⅱ	40000
		Ⅲ	38000
博尔塔拉蒙古自治州	博乐市	Ⅰ	103500
		Ⅱ	67900
		Ⅲ	45400
	精河县	Ⅰ	46500
		Ⅱ	46000
		Ⅲ	45400
	温泉县	Ⅰ	38500
		Ⅱ	38100
		Ⅲ	37700
克拉玛依市	克拉玛依区	Ⅰ	41300
	乌尔禾区	Ⅰ	35400
石河子市	石河子市	Ⅰ	33500
昌吉回族自治州	玛纳斯县	Ⅰ	38300
		Ⅱ	37900
		Ⅲ	37500
	呼图壁县	Ⅰ	39700
		Ⅱ	37900
		Ⅲ	37500
	昌吉市	Ⅰ	45100
		Ⅱ	42200
		Ⅲ	37800

自治区征收农用地区片综合地价标准(续)

地(州、市)名称	县(市、区)名称	区片编号	区片综合地价 元/亩
昌吉回族自治州	阜康市	Ⅰ	45100
		Ⅱ	40200
		Ⅲ	37800
	吉木萨尔县	Ⅰ	39300
		Ⅱ	38200
		Ⅲ	36100
	奇台县	Ⅰ	39200
		Ⅱ	38100
		Ⅲ	37500
	木垒哈萨克自治县	Ⅰ	38200
		Ⅱ	37850
		Ⅲ	37500
吐鲁番市	高昌区	Ⅰ	126072
		Ⅱ	104751
		Ⅲ	84357
	鄯善县	Ⅰ	38600
		Ⅱ	37800
	托克逊县	Ⅰ	27300
		Ⅱ	25200
哈密市	伊州区	Ⅰ	135500
		Ⅱ	56600
		Ⅲ	37800
	巴里坤哈萨克自治县	Ⅰ	46000
		Ⅱ	39000
		Ⅲ	37800
	伊吾县	Ⅰ	50000
		Ⅱ	45000
		Ⅲ	37800
巴音郭楞蒙古自治州	库尔勒市	Ⅰ	171300
		Ⅱ	51000
		Ⅲ	40500
	焉耆回族自治县	Ⅰ	57100
		Ⅱ	52200
		Ⅲ	46800

自治区征收农用地区片综合地价标准(续)

地(州、市)名称	县(市、区)名称	区片编号	区片综合地价 元/亩
巴音郭楞蒙古自治州	尉犁县	I	49217
		II	47808
		III	46034
	轮台县	I	65145
		II	59895
		III	58118
	若羌县	I	65328
		II	60804
	博湖县	I	45000
		II	42400
	和硕县	I	45013
		II	40936
	和静县	I	44600
		II	42100
		III	39900
	且末县	I	38600
		II	26600
		III	18000
阿克苏地区	阿克苏市	I	45000
		II	37500
		III	30000
	温宿县	I	39000
		II	37500
	库车市	I	64800
		II	37500
	沙雅县	I	37500
		II	36000
	新和县	I	37500
		II	36000
	拜城县	I	37800
		II	37500
	乌什县	I	39000
		II	37500
	阿瓦提县	I	37800
		II	37500
	柯坪县	I	40000
		II	20000

自治区征收农用地区片综合地价标准(续)

地(州、市)名称	县(市、区)名称	区片编号	区片综合地价 元/亩
喀什地区	英吉沙县	Ⅰ	41600
		Ⅱ	40900
		Ⅲ	40000
	伽师县	Ⅰ	39000
		Ⅱ	38200
		Ⅲ	37500
	巴楚县	Ⅰ	40900
		Ⅱ	39600
		Ⅲ	38200
	疏附县	Ⅰ	38000
		Ⅱ	34000
		Ⅲ	32000
	喀什市	Ⅰ	48000
		Ⅱ	47500
	疏勒县	Ⅰ	41500
		Ⅱ	40000
		Ⅲ	39000
	泽普县	Ⅰ	40500
		Ⅱ	38500
		Ⅲ	37500
	岳普湖县	Ⅰ	38400
		Ⅱ	37600
		Ⅲ	36400
	塔什库尔干塔吉克自治县	Ⅰ	36000
		Ⅱ	19100
		Ⅲ	17900
	麦盖提县	Ⅰ	40200
		Ⅱ	39200
	叶城县	Ⅰ	39400
		Ⅱ	38800
		Ⅲ	38100
	莎车县	Ⅰ	43600
		Ⅱ	42500
		Ⅲ	41700

自治区征收农用地区片综合地价标准（续）

地(州、市)名称	县(市、区)名称	区片编号	区片综合地价 元/亩
和田地区	和田市	Ⅰ	47100
		Ⅱ	46100
	策勒县	Ⅰ	45900
		Ⅱ	45200
	和田县	Ⅰ	46000
		Ⅱ	45200
	洛浦县	Ⅰ	46000
		Ⅱ	45600
		Ⅲ	45000
	民丰县	Ⅰ	44800
		Ⅱ	44200
	墨玉县	Ⅰ	46000
		Ⅱ	45200
	皮山县	Ⅰ	45100
		Ⅱ	43300
		Ⅲ	42200
	于田县	Ⅰ	45500
		Ⅱ	42800
		Ⅲ	42100
克孜勒苏柯尔克孜自治州	阿图什市	Ⅰ	38500
		Ⅱ	37500
		Ⅲ	36000
	阿合奇县	Ⅰ	38500
		Ⅱ	35800
	阿克陶县	Ⅰ	37800
	乌恰县	Ⅰ	36000

关于调整自治区森林植被恢复费征收标准等有关问题的通知

(新财非税〔2016〕22号)

伊犁哈萨克自治州财政局、林业局,各地州市财政局、林业局:

为促进自治区节约集约利用林地、培育和恢复森林植被,加快构建反映市场供求和资源稀缺程度、体现自然价值和代际补偿的资源有偿使用和生态补偿制度,确保自治区总体森林植被面积不减少、质量不降低,根据《财政部 国家林业局关于调整森林植被恢复费征收标准引导节约集约利用林地的通知》(财税〔2015〕122号)规定,现就调整自治区森林植被恢复费征收标准等有关问题通知如下:

一、自治区森林植被恢复费征收标准具体如下:

(一)郁闭度0.2以上的乔木林地(含采伐迹地、火烧迹地)、竹林地、苗圃地,每平方米10元;灌木林地、疏林地、未成林造林地,每平方米6元;宜林地,每平方米3元。

(二)国家和省级公益林林地以及纳入天然林保护工程的林地,按照第(一)款规定征收标准2倍征收。

(三)城市规划区的林地,按照第(一)、(二)款规定征收标准的2倍征收。

(四)城市规划区外的林地,按使用林地建设项目性质实行不同征收标准。属于公共基础设施、公共事业和国防建设项目的,按照第(一)、(二)款规定征收标准征收;属于经营性建设项目的,按照第(一)、(二)款规定征收标准2倍征收。

公共基础设施建设项目包括:公路、铁路、机场、港口码头、水利、电力、通信、能源基地、电网、油气管网等建设项目。公共事业建设项目包括:教育、科技、文化、卫生、体育、环境和资源保护、防灾减灾、文物保护、社会福利、市政公用等建设项目。经营性建设项目包括:商业、服务业、工矿业、仓储、城镇住宅、旅游开发、养殖、经营性墓地等建设项目。

二、对农村居民按规定标准建设住宅,农村集体经济组织修建乡村道路、学校、幼儿园、敬老院、福利院、卫生院等社会公益项目以及保障性安居工程,免征森林植被恢复费。法律、法规规定减免森林植被恢复费的,从其规定。

三、加强森林植被恢复费征收管理。自治区各级林业主管部门要严格按规定的范围、标准征收森林植被恢复费,确保及时、足额征缴到位。任何单位和个人均不得违反规定,擅自减免或缓征森林植被恢复费,不得自行改变森林植被恢复费的征收对象、范围和标准。要向社会公开各类建设项目占用征收林地及森林植被恢复费征收使用情况,提高透明度,接受社会监督。

四、做好组织实施和宣传工作。各地要高度重视调整森林植被恢复费征收标准工作,及时通过政府网站和公共媒体等渠道,加强森林植被恢复费政策宣传解读,及时发布信息,做好舆论引导工作,统一思想、凝聚共识,营造良好的舆论氛围。

五、除收费标准调整外,自治区森林植被恢复费的征收使用管理,仍执行《新疆维吾尔自治区森林植被恢复费征收使用管理实施细则》(新财非税〔2011〕34号)的规定。

六、本通知自发布之日起执行。

新疆维吾尔自治区财政厅
新疆维吾尔自治区林业厅
2016年8月26日

关于草原植被恢复费收费标准及有关事宜的通知

(新发改收费[2014]1769号)

自治区畜牧厅,伊犁州发展改革委、财政局,各地(州、市)发展改革委、财政局:

根据自治区财政厅、发展改革委、畜牧厅《新疆维吾尔自治区草原植被恢复费征收使用管理办法》(新财非税[2012]7号),我们结合自治区草原植被恢复成本,制定了我区草原植被恢复费征收标准。经请示自治区人民政府同意,现将我区草原植被恢复费征收标准及有关事宜通知如下:

一、草原植被恢复费征收范围

在自治区境内因工程建设和矿藏开采长期使用草原的单位或个人,在草原上从事地质勘察、修路、探矿、架设(铺设)管线、建设旅游点、影视拍摄等临时占用草原的单位或个人,在草原上从事取土、采砂等作业活动的单位或个人以及采集或收购草原野生植物的单位或个人,应向草原行政主管部门或其委托的草原监理站(所)缴纳草原植被恢复费。

二、草原植被恢复费征收标准

我区草原类型丰富,主要包括荒漠类草原、草原类草原、草甸类草原、沼泽类草原四大类,草原植被恢复费按照草原不同类型分别收费。具体标准如下:

1. 进行工程建设长期使用草原的单位和个人,向省级草原行政主管部门或其委托的草原监理站(所)缴纳草原植被恢复费。植被恢复费缴纳标准为:荒漠类草原1500元/亩,草原类草原2000元/亩,草甸类草原2500元/亩,沼泽类草原3000元/亩。

2. 长期使用已发放草原使用权证的人工草地,按照沼泽类草原3000元/亩标准缴纳植被恢复费。

3. 进行工程建设、勘查、旅游等活动临时占用草原(占用草原期限不超过二年)且未履行恢复义务的单位和个人,向县级以上草原行政主管部门或其委托的草原监理站(所)缴纳植被恢复费。临时占用草原植被恢复费缴纳标准为:勘探、钻井、修筑地上地下工程500元/亩;临时作业生活区、物资堆放场所等400元/亩;影视拍摄等300元/亩;经营性旅游活动区67元/亩;在草原上取土、采砂等1000元/亩。

4. 采集(收购)草原野生植物的,植被恢复费按照前一年市场平均收购价格的10%缴纳。

使用草原进行矿产资源开发的单位和个人,在上述相应收费标准的基础上增加30%,缴纳草原植被恢复费。

三、草原植被恢复费减免范围

在草原上修建直接为草原保护和畜牧业生产服务的工程设施,以及牧民按规定标准建设的住宅使用草原的,不缴纳草原植被恢复费。

下列公益性基础设施建设使用草原的,按照上述收费标准的 50% 缴纳草原植被恢复费。

(一)部队营房(不含家属宿舍、营业性用房)及军事设施;
(二)敬老院、孤儿院、社会福利院、托儿所、幼儿园;
(三)非营利性医疗机构、公办学校及捐资举办的民办学校;
(四)为残疾人就业兴办的建设项目及生活服务设施;
(五)政府全额投资建设的文化、体育、交通、水利设施等。

四、草原植被恢复费的收缴办法

草原植被恢复费的具体收缴办法按照《财政部、国家发展改革委关于同意收取草原植被恢复费有关问题的通知》(财综〔2010〕29 号)和自治区财政厅、发展改革委、畜牧厅《关于印发〈新疆维吾尔自治区草原植被恢复费征收使用管理办法〉的通知》(新财非税〔2012〕7 号)有关规定执行。

各执收单位在实施收费时,应及时到当地价格主管部门办理《收费许可证》上证手续,严格执行规定的收费项目和收费标准。收费收入全额上缴财政,纳入财政预算,实行"收支两条线"管理。同时,要认真做好收费公示工作,自觉接受价格、财政、审计等部门的监督检查。

本通知自发文之日起执行。

新疆维吾尔自治区发展改革委
新疆维吾尔自治区财政厅
2014 年 8 月 26 日

关于调整我区水资源费征收标准有关问题的通知

(新发改农价[2015]1724号)

伊犁州发展改革委、财政局、水利局,各地(州、市)发展改革委、财政局、水利局,兵团发展改革委、财务局、水利局:

为促进我区水资源的节约、保护和合理开发利用,认真贯彻国务院《关于实行最严格水资源管理制度的意见》(国发[2012]3号)和国家发展改革委、财政部、水利部联合印发的《关于水资源费征收标准有关问题的通知》(发改价格[2013]29号)的精神,按照自治区党委、人民政府《关于加快水利改革发展的意见》(新党发[2011]21号)和自治区人民政府办公厅《关于推进自治区水价综合改革实施意见的通知》(新政办发[2012]129号)的要求,经自治区党委财经领导小组2015年第四次会议和自治区第十二届人民政府第18次常务会议研究,决定调整我区水资源费征收标准。现将有关事宜通知如下:

一、新的水资源费征收标准主要分为城市(镇)公共自来水、非农业用水、农业灌溉、石油天然气开采取用水以及农村生活、养殖、公共事业取用水五类,并对各类水资源费征收标准做如下调整:

1.城市(镇)公共自来水水资源费标准。

Ⅰ区和Ⅱ区地下水水资源费标准分别为0.12元/立方米和0.09元/立方米,地表水标准分别为0.06元/立方米和0.05元/立方米。

2.非农业用水水资源费标准。

(1)城市(镇)生活、绿化和公用事业等自备水源标准按城市(镇)公共自来水水资源费的2倍核定。

(2)工业、商业、服务业等行业自备水源,Ⅰ区和Ⅱ区取用地下水的水资源费标准分别为1.20元/立方米和1.00元/立方米;地表水标准按地下水的50%核定。

(3)洗车、生产矿泉水、纯净水、酒类、饮料等行业自备水源地标准按城市(镇)范围内工业、商业、服务业等行业自备水源的4倍核定;高尔夫球场、高档洗浴等行业自备水源标准按城市(镇)范围内工业、商业、服务业等行业自备水源的8倍核定。

(4)水利工程非农业供水,Ⅰ区和Ⅱ区取用地下水的水资源费标准分别为0.5元/立方米和0.4元/立方米;地表水标准按地下水的50%核定。

3.石油天然气开采水资源费全疆采用统一标准,地下水水资源费标准为3.6元/立方米。地表水标准按地下水标准的50%核定。

其他类别的水资源费征收标准具体详见附件。

二、根据现行规定,由水利工程供水的,其水价中应当包含水资源费,水资源费由供水管理单位缴纳;自备水源的水资源费由取用水单位直接缴纳;对非地下水超采区范围内农民30年承包土地灌溉直接取用地下水的,限额以内用水免征水资源费,限额以外用水或地下水超采区范围内的征收水资源费;对非30年承包土地农业灌溉取用地下水、地表水的全面征收水资源费;水利工程供农业生产用水的,暂免征收水资源费。水力发电和火力发电直流冷却用水,电站单独办理取水许可证,并缴纳水资源费。

三、各地要结合水价水权综合改革工作,在核算水利工程供水价格时,应将水资源费按照新的标准尽快核进供水价格中。

四、新的水资源费的征收使用管理仍按照《新疆维吾尔自治区水资源费征收管理办法》(政府令第128号)以及自治区财政厅、发展改革委、水利厅、人民银行乌鲁木齐中心支行《关于自治区水资源费征收使用管理有关问题的通知》(新财非税〔2010〕3号)相关规定执行。

五、各地发展改革、财政、水利部门要密切配合,切实做好政策的实施工作,严格按照调整后的水资源费征收标准执行。结合自治区正在实施的土地管理改革,落实好"三条红线"政策,确保水资源费依法、及时、足额征收。加强对水资源费使用的管理和监督,科学评估水资源费调整效果,确保我区支柱产业不因水资源费调整导致竞争力下降。积极加强宣传引导,确保各地农民特别是南疆地区农民的正常用水利益不受大的影响,把水资源费标准调整对社会的影响降到最低。随时监测,掌握动态变化,出现重大问题及时报告反馈。

本通知自2016年1月1日起执行。

附件:新疆维吾尔自治区水资源费征收标准表

新疆维吾尔自治区发展改革委
新疆维吾尔自治区财政厅
新疆维吾尔自治区水利厅
2015年8月29日

附件

新疆维吾尔自治区水资源费征收标准表

单位：元/立方米

类　别		分　区			
		Ⅰ区		Ⅱ区	
		水源			
		地表水	地下水	地表水	地下水
城市(镇)公共自来水		0.06	0.12	0.05	0.09
自备水源	城市(镇)生活、绿化和公用事业等	0.12	0.24	0.10	0.18
	工业、商业、服务业、建筑业等	0.60	1.20	0.50	1.00
	洗车、矿泉水、纯净水、酒类、饮料等行业	2.40	4.80	2.00	4.00
	高尔夫球场、高档洗浴	4.80	9.60	4.00	8.00
	30年承包土地农业用水	0.03	0.05	0.02	0.03
水利工程供水	非农业用水	0.25	0.50	0.20	0.40
	30年承包土地农业用水	0.007	0.014	0.005	0.01
非30年承包土地农业用水		0.16	0.40	0.16	0.40
农村生活、养殖和公用事业		0.03	0.05	0.02	0.03
石油天然气开采		1.80	3.60	1.80	3.60

备注：

1. 水力发电贯流水和火力发电直流冷却用水水资源费标准为0.004元/千瓦时；水力发电融冰取用地下水水资源费标准为0.2元/立方米。
2. 育苇按每吨芦苇20元征收水资源费。
3. 地源热泵系统实现全部回灌的，收费水量按实际取用水量的20%核定，执行自备水源工业地下水水资源费标准；未全部回灌的，其水量在实际取用水量20%的基础上另加未回灌水量。
4. 卤水提取盐类矿物质按取用卤水量的10%计算收费水量，执行自备水源工业地表水水资源费标准。
5. 利用湖泊、水库、河流水域从事水产养殖，按水产品产值的2%计收水资源费；从事游艇、漂流等经营性水上活动的，按水上活动收入的5%计收水资源费。
6. 矿井外排水按自备水源工业地下水水资源费标准的50%计征；取用矿井水，按自备水源工业地下水水资源费标准的20%计征。
7. 取用地热水的水资源费标准为3.0元/立方米。
8. 化工、钢铁、造纸、采矿(含选矿)、电解铝、印染、焦化行业等按自备水源工业水资源费标准提高30%征收。
9. 从事农副产品加工行业按自备水源工业水资源费标准降低30%征收。
10. 城市(镇)公共自来水管网覆盖范围以内的自备水源，按自备水源同行业水资源费标准的2倍征收。
11. 非农业取用超采区地下水按自备水源同行业地下水水资源费标准的2倍征收，农业用水按相应标准征收。
12. 水资源费标准按区域分为两个分区：

Ⅰ区指：乌鲁木齐市、昌吉州、石河子市、克拉玛依市、博州、哈密地区、吐鲁番地区、伊犁州的奎屯市、塔城地区的乌苏市、沙湾县。

Ⅱ区指：伊犁州(奎屯市除外)、阿勒泰地区、塔城地区(乌苏市、沙湾县除外)、巴州、阿克苏地区、克州、喀什地区、和田地区。

新疆维吾尔自治区耕地占用税实施办法

(新疆维吾尔自治区人民政府令 2008 年第 159 号)

第一条 根据《中华人民共和国耕地占用税暂行条例》(以下简称《条例》),结合自治区实际,制定本办法。

第二条 自治区行政区域内占用耕地建房或者从事非农业建设的单位或者个人,为耕地占用税的纳税人,均应当依照《条例》和本办法的规定缴纳耕地占用税。

本办法所称耕地,是指用于种植农作物的土地,包括熟地、新开发地、复垦整理地、休闲地、轮歇地、草田轮作地、间作地、已垦滩地。

所称单位,包括国有企业、集体企业、私营企业、股份制企业、外商投资企业、外国企业以及其他企业和事业单位、社会团体、国家机关、部队以及其他单位;所称个人,包括个体工商户以及其他个人。

所称建房,包括建设建筑物和构筑物。

第三条 经申请批准用地的,纳税人为批准文件中标明的建设用地人;批准文件未标明的,纳税人为实际用地人;实际用地人未确定的,纳税人为用地申请人。未经批准占地的,纳税人为实际用地人。

第四条 耕地占用税以纳税人实际占用的耕地面积为计税依据,按照规定的适用税额一次性征收。实际占用的耕地面积,包括经批准占用的耕地面积和未经批准占用的耕地面积。

第五条 州、市(地)耕地占用税每平方米平均税额按照下列规定执行:

(一)乌鲁木齐市 30 元。

(二)昌吉州、石河子市、克拉玛依市、吐鲁番地区、五家渠市 20 元。

(三)巴州、阿克苏地区、哈密地区、阿拉尔市 18 元。

(四)伊犁州、塔城地区、阿勒泰地区、博州 15 元。

(五)喀什地区、和田地区、克州、图木舒克市 10 元。

前款规定的平均税额,由自治区人民政府根据人均占有耕地面积和经济发展情况的变化适时调整。

第六条 州、市人民政府、地区行政公署按照自治区人民政府确定的耕地占用税平均税额,根据以县为单位人均占有耕地的面积和区域经济发展情况,体现毗邻地区征收税额相对均衡的原则,核定所属县(市)适用税额,所核定的适用税额平均水平不得低于自治区人民政府确定的平均税额,并报自治区人民政府备案。

第七条 占用林地、牧草地、农田水利用地、养殖水面以及渔业水域滩涂等其他农用地建房或者从事非农业建设的,按照《条例》和本办法规定征收耕地占用税。

第八条 经济技术开发区、高新技术开发区、经济贸易区、农业园区和人均耕地特别少的地区,可以适当提高适用税额,但不得超过当地适用税额的50%。

第九条 占用基本农田的,适用税额应当在本办法第五条、第八条规定的当地适用税额标准上提高50%。

第十条 建设直接为农业生产服务的生产设施占用林地、牧草地、农田水利用地、养殖水面以及渔业水域滩涂等其他农用地的,不征收耕地占用税。

前款所称直接为农业生产服务的生产设施,包括储存农用机具和生产资料以及自产产品的仓储设施;培育和生产种畜禽、种子、种苗的设施;传统畜禽养殖设施;木材集材道、运材道;农业科研、试验、示范基地;野生动植物保护、护林、森林草场病虫害防治、森林防火、荒山绿化、动植物检疫的设施;专为农业生产服务的灌溉排水、供水、供电、供热、供气、通信基础设施;农业生产者从事生产必须的食宿和管理设施;其他直接为农业生产服务的生产设施。

第十一条 属下列占用耕地情形之一的,免征耕地占用税:

(一)现役部队、预备役部队、武警部队地上、地下军事指挥、作战工程;军用机场、港口、码头;军用公路、铁路专用线;军用通信、输电线路;军用输油、输水管道;军用洞库、仓库;营区、训练场、试验场;军用通信、侦察、导航、观测台站和测量、导航、助航标志;试验基地、靶场以及其他直接用于军事用途的设施。

(二)县级以上人民政府教育行政部门批准成立的大学、中学、小学、学历性职业教育学校以及特殊教育学校。

(三)县级以上人民政府教育行政部门登记注册或者备案的幼儿园内专门用于幼儿保育、教育的场所。

(四)经批准设立的养老院内专门为老年人提供生活照顾及其文化、健身活动的场所。

(五)县级以上人民政府卫生行政部门批准设立的医院内专门用于提供医护服务的场所及其配套设施。

学校内经营性场所和教职工住房、医院内职工住房占用耕地的,按照当地适用税额缴纳耕地占用税。

第十二条 村民或者村级合作组织集资修建的村级道路,暂免征耕地占用税。

水库移民、灾民按规定标准占用耕地重新建设自用住宅的,经县级以上人民政府批准,暂免征耕地占用税。

第十三条 属下列占用耕地情形之一的,减按每平方米2元税额征收耕地占用税:

(一)铁路路基、桥梁、涵洞、隧道及其按规定两侧留地。

(二)经批准建设的国道、省道、县道、乡道和属于农村公路村道的主体工程以及两侧边沟或者截水沟。

(三)经批准建设的民用机场专门用于民用航空器起降、滑行、停放的场所。

(四)港口码头区内修建的船舶停靠的场所和旅客上下、货物装卸场所。

(五)在河、湖泊、港湾等水域内供船舶安全航行的通道。

专用铁路和铁路专用线、专用公路和城区内机动车道占用耕地的,按照当地适用税额征收耕地占用税。

第十四条 农牧区居民和兵团团场职工,经批准按规定标准占用耕地新建自用住宅的,按照当地适用税额减半征收耕地占用税。

第十五条 农牧区居民和兵团团场职工,经批准搬迁,原宅基地恢复耕种,新建住宅占用耕地不超过原面积的,不征收耕地占用税;超过原宅基地面积的,超过部分按照当地适用税额减半征收耕地占用税。

第十六条 农牧区和兵团团场烈士家属(烈士的配偶、子女和父母)、残疾军人、鳏寡孤独、安置定居牧民以及符合自治区规定生活困难标准的少数民族聚居地区、边远贫困地区农牧户,在规定用地标准以内新建自用住宅,缴纳耕地占用税确有困难的,由纳税人提出申请,经所在地乡(镇)人民政府审核,报县(市)人民政府批准后,免征或者按照当地适用税额减征耕地占用税。

第十七条 依法免征或者减征耕地占用税后,纳税人改变占地用途,且不属于免征或者减征耕地占用税情形的,自改变用途之日起 30 日内,按照当地适用税额补缴耕地占用税。

第十八条 临时占用耕地的,应当依照《条例》和本办法的规定缴纳耕地占用税。纳税人在批准临时占用耕地的期限内恢复所占用耕地原状的,全额退还已缴纳的耕地占用税。

第十九条 因污染、取沙石土、采矿塌陷等原因损毁耕地的,适用《条例》和本办法临时占用耕地的规定,由造成损毁的单位和个人按照当地适用税额缴纳耕地占用税;在 2 年内恢复耕地原状的,全额退还已缴纳的税款,未恢复的,不予退还。

第二十条 兵团所属单位及其农牧团场适用税额,按照耕地所在地的县(市)适用税额执行,并向当地地方税务机关缴纳耕地占用税。

第二十一条 经批准占用耕地的,耕地占用税纳税义务发生时间为纳税人收到国土资源管理部门办理占用农用地手续通知的当天。

未经批准占用耕地的,耕地占用税纳税义务发生时间为纳税人实际占用耕地的当天。

第二十二条 耕地占用税由县(市)地方税务机关负责征收。纳税人占用耕地或者其他农用地,应当在耕地或者其他农用地所在地申报纳税。

第二十三条 国土资源管理部门在通知单位或者个人办理占用耕地手续时,应当同时通知耕地所在地同级地方税务机关。

获准占用耕地的单位或者个人,应当在收到国土资源管理部门的通知之日起 30 日内缴纳耕地占用税。国土资源管理部门凭耕地占用税完税凭证或者免税凭证和其他有关文件发放建设用地批准书。

未经国土资源管理部门批准,改变耕地用途或者耕地权属变更,造成耕地的停耕、闲置、封闭、预留、储备的,应当向当地地方税务机关申报纳税,税务机关按照当地适用税额征收耕地占用税。

第二十四条 本办法自 2008 年 9 月 9 日起施行。1987 年 11 月 10 日自治区人民政府发布的《新疆维吾尔自治区耕地占用税实施办法》同时废止。

本办法施行前耕地占用税计税期限,按照《中华人民共和国耕地占用税暂行条例》的规定,自 2008 年 1 月 1 日起执行。

关于印发《新疆维吾尔自治区水土保持补偿费征收使用管理办法》的通知

(新财非税〔2015〕10号)

伊犁哈萨克自治州财政局、发展改革委、水利局,各地州市财政局、发展改革委、水利局:

为规范自治区水土保持补偿费征收使用管理,促进水土流失防治工作,改善生态环境,根据《中华人民共和国水土保持法》《新疆维吾尔自治区实施〈中华人民共和国水土保持法〉办法》以及财政部、国家发展改革委、水利部、中国人民银行《水土保持补偿费征收使用管理办法》(财综〔2014〕8号)的规定,结合自治区实际,我们制定了《新疆维吾尔自治区水土保持补偿费征收使用管理办法》,报经自治区人民政府批准,现印发给你们,请遵照执行。

附件:新疆维吾尔自治区水土保持补偿费征收使用管理办法

新疆维吾尔自治区财政厅
新疆维吾尔自治区发展改革委
新疆维吾尔自治区水利厅
2015年5月20日

新疆维吾尔自治区水土保持补偿费征收使用管理办法

第一章 总 则

第一条 为规范水土保持补偿费征收使用管理,促进水土流失防治工作,改善生态环境,根据《中华人民共和国水土保持法》《新疆维吾尔自治区实施〈中华人民共和国水土保持法〉办法》以及财政部、国家发展改革委、水利部、中国人民银行《水土保持补偿费征收使用管理办法》(财综〔2014〕8号)的规定,制定本实施办法。

第二条 水土保持补偿费是水行政主管部门对损坏水土保持设施和地貌植被、不能恢复原有水土保持功能的生产建设单位和个人征收并专项用于水土流失预防治理的资金。

第三条 水土保持补偿费全额上缴国库,纳入政府性基金预算管理,实行专款专用,年终结余结转下年使用。

第四条 水土保持补偿费征收、缴库、使用和管理应当接受财政、价格、审计部门和上级水行政主管部门的监督检查。

第二章 征 收

第五条 凡在自治区行政区域内开办生产建设项目或者从事其他生产建设活动的单位和个人(以下简称缴纳义务人),应当缴纳水土保持补偿费。

前款所称其他生产建设活动包括：

(一)取土、挖砂、采石(不含河道采砂)。

(二)烧制砖、瓦、瓷、石灰。

(三)排放废弃土、石、渣。

第六条 县级以上地方水行政主管部门按水土保持方案审批权限和行政区域管理相结合的原则负责征收水土保持补偿费。

(一)生产建设项目水土保持方案由水利部审批的,水土保持补偿费由自治区水行政主管部门征收。

(二)生产建设项目跨行政区域的,水土保持补偿费由所跨区域共同的上一级水行政主管部门征收。

(三)其他生产建设项目和从事其他生产建设活动的,水土保持补偿费由项目所在县级水行政主管部门征收。

第七条 水土保持补偿费按照下列方式计征：

(一)开办一般性生产建设项目的,按照征占用土地面积计征。

(二)开采矿产资源的,在建设期间按照征占用土地面积计征;在开采期间,对石油、天然气以外的矿产资源按照开采量计征,对石油、天然气按照油气生产井占地面积每年计征。

(三)取土、挖砂、采石以及烧制砖、瓦、瓷、石灰的,按照取土、挖砂、采石量计征。

(四)排放废弃土、石、渣的,按照排放量计征。对缴纳义务人已按照前三种方式计征水土保持补偿费的,其排放废弃土、石、渣,不再按照排放量重复计征。

第八条 水土保持补偿费收费标准,由自治区发展改革委、财政厅,会同水利厅另行制定。

第九条 开办一般性生产建设项目的,缴纳义务人应当在项目开工前一次性缴纳水土保持补偿费。

开采矿产资源处于建设期的,缴纳义务人应当在建设活动开始前一次性缴纳水土保持补偿费;处于开采期的,缴纳义务人应当在每季度初10日内向水行政主管部门申报并缴纳上季度的水土保持补偿费。水行政主管部门收到缴纳义务人的申报后,应当及时复核并征收水土保持补偿费。

从事其他生产建设活动的,缴纳水土保持补偿费的时限由县级水行政主管部门确定。

第十条 缴纳义务人应当向负责征收水土保持补偿费的水行政主管部门如实报送征占用土地面积(矿产资源开采量、取土挖砂采石量、弃土弃渣量)等资料。

负责征收水土保持补偿费的水行政主管部门应当审核缴纳义务人报送的征占用土地面积(矿产资源开采量、取土挖砂采石量、弃土弃渣量)等资料,确定水土保持补偿费征收额,并向缴纳义务人送达水土保持补偿费缴纳通知单。缴纳通知单应当载明征占用土地面积(矿产资源开采量、取土挖砂采石量、弃土弃渣量)、征收标准、缴纳金额、缴纳时间和地点等事项。

缴纳义务人应当按照缴纳通知单的规定缴纳水土保持补偿费。

第十一条 下列情形免征水土保持补偿费:

(一)建设学校、幼儿园、医院、养老服务设施、孤儿院、福利院等公益性工程项目的;

(二)农民依法利用农村集体土地新建、翻建自用住房的;

(三)按照相关规划开展小型农田水利建设、田间土地整治建设和农村集中供水工程建设的;

(四)建设保障性安居工程、市政生态环境保护基础设施项目的;

(五)建设军事设施的;

(六)按照水土保持规划开展水土流失治理活动的;

(七)法律、行政法规和国务院规定免征水土保持补偿费的其他情形。

第十二条 除本办法规定外,任何单位和个人均不得擅自减免水土保持补偿费,不得改变水土保持补偿费征收对象、范围和标准。

第十三条 县级以上水行政主管部门征收水土保持补偿费,应当到同级价格主管部门办理《收费许可证》,并使用自治区财政部门统一印制的财政票据。

第十四条 县级以上水行政主管部门应当在收费场所显著位置和门户网站对水土保持补偿费的收费依据、收费标准、收费主体、收费范围、收费程序、法律责任等进行公示。

第三章 缴 库

第十五条 水土保持补偿费纳入财政预算管理,具体缴库比例如下:

(一)县(市)级征收的水土保持补偿费,按照1:1:2:6的比例分别缴入中央、自治区、地(州、市)、县(市)国库。

(二)地(州、市)级征收的水土保持补偿费,按照1:1:8的比例分别缴入中央、自治区、地(州、市)国库。

(三)自治区直接征收的水土保持补偿费,按照1:9的比例分别缴入中央、自治区国库。

第十六条 水土保持补偿费实行就地缴库方式。

负责征收水土保持补偿费的水行政主管部门填写"非税收入一般缴款书",随水土保持补偿费缴纳通知单一并送达缴纳义务人,由缴纳义务人持"非税收入一般缴款书"在规定时限内到商业银行办理缴款。各级水行政主管部门及财政部门应按照《关于进一步明确非税收入分成资金化缴方式的通知》(新财库〔2013〕29号)要求,依据规定的分成比例及收入科目填制《缴款书》，分别缴入中央和自治区各级金库，预算科目栏填写"1030176水土保持补偿费收入"，预算级次栏填写"中央和地方共享收入"，收款单位栏按照《关于进一步明确非税收入分成资金化缴方式的通知》（新财库〔2013〕29号）附件2（《缴款书》填写说明）要求填列，即：属于中央收入的，财政机关填写"财政部"，预算级次填写"中央级"，收款国库填写"国家金库总库"；属于自治区收入的，财政机关填写"自治区财政厅"，预算级次填写"自治区级"，收款国库填写"国家金库新疆分库"；属于各地收入的，财政机关填写"××地（州、市）财政局"，预算级次填写"地（市）级"，收款国库填写"×××地（州、市）中心支库"；属于各县级收入的，财政机关填写"××县（区、市）财政局"，预算级次填写"县级"，收款国库填写"×××县（区、市）支库"。

第十七条 水土保持补偿费收入在政府收支分类科目中列103类01款76项"水土保持补偿费收入"，作为中央和地方共用收入科目。

第十八条 自治区各级水行政主管部门要建立对账工作机制，做好水行政主管部门上下级之间以及与财政部门对账工作，确保将自治区、中央分成的水土保持补偿费收入及时足额缴入自治区、中央国库，不得截留、占压、拖延上缴。

第四章 使用管理

第十九条 水土保持补偿费专项用于以下方面：

（一）通过采取坡面治理、沟道防护、山洪排导等工程措施；造林、种草、封育保护等生物措施和生态修复措施；以及其他有利于水土保持的措施，加强水土流失预防和治理；

（二）水行政监督执法能力建设，水土保持补偿费征收、监督管理执法车辆和设备的购置维修等；

（三）水行政主管部门开展水土保持监督管理工作业务经费；

（四）水土保持宣传、教育和培训；

（五）水土保持工作技术、法律咨询；

（六）水土保持规划、可行性研究报告、初步设计报告和实施方案编制；

（七）水土保持科学研究、试验示范、科技成果推广及应用；

（八）水土保持监测网络建设及运行管理，水土流失调查和公告；

（九）其他用于水土保持工作的支出。

第二十条 县级以上水行政主管部门应当根据水土保持规划，编制年度水土保持补偿费支出预算，报同级财政部门审核。财政部门应当按照政府性基金预算管理规定审核水土保持补偿费支出预算并批复下达。其中，水土保持补偿费用于固定资产投资项目的，由发展改革部门商同级水行政主管部门纳入固定资产投资计划。

第二十一条 水土保持补偿费的资金支付按照财政国库管理制度有关规定执行。

第二十二条 水土保持补偿费支出在政府收支分类科目中列213类70款"水土保持补偿费安排的支出"01项"综合治理和生态修复"、02项"预防保护和监督管理"、03项"其他水土保持补偿费安排的支出"。

第二十三条 各级财政、水行政主管部门应当严格按规定使用水土保持补偿费，建立健全内部管理和会计核算、审计制度,确保专款专用,严禁截留、转移、挪用资金和随意调整预算,做到收好、管好、用好。

第五章 法律责任

第二十四条 单位和个人违反本办法规定,有下列情形之一的,依照《财政违法行为处罚处分条例》和《违反行政事业性收费和罚没收入收支两条线管理规定行政处分暂行规定》等国家有关规定追究法律责任;涉嫌犯罪的,依法移送司法机关处理:

(一)擅自减免水土保持补偿费或者改变水土保持补偿费征收范围、对象和标准的;
(二)隐瞒、坐支应当上缴的水土保持补偿费的;
(三)滞留、截留、挪用应当上缴的水土保持补偿费的;
(四)不按照规定的预算级次、预算科目将水土保持补偿费缴入国库的;
(五)违反规定扩大水土保持补偿费开支范围、提高开支标准的;
(六)其他违反国家财政收入管理规定的行为。

第二十五条 缴纳义务人拒不缴纳、拖延缴纳或者拖欠水土保持补偿费的,依照《中华人民共和国水土保持法》和《新疆维吾尔自治区实施〈中华人民共和国水土保持法〉办法》的有关规定进行处罚。

第二十六条 缴纳义务人缴纳水土保持补偿费,不免除其水土流失防治责任。

第二十七条 水土保持补偿费征收、使用管理有关部门的工作人员违反本办法规定,在水土保持补偿费征收和使用管理工作中徇私舞弊、玩忽职守、滥用职权的,依法给予处分;涉嫌犯罪的,依法移送司法机关。

第六章 附 则

第二十八条 按本办法规定开征水土保持补偿费后,原自治区征收的水土保持设施补偿费、水土流失防治费予以取消。

第二十九条 本办法由自治区财政厅商自治区发展改革委、自治区水利厅负责解释。

第三十条 本办法自 2015 年 1 月 1 日起施行。

关于印发《自治区重点建设项目征地拆迁补偿标准》的通知

(新国土资发〔2009〕131号)

伊犁哈萨克自治州国土资源局,各地、州、市国土资源局:

《自治区重点建设项目征地拆迁补偿标准》已经自治区人民政府批复同意,于2009年4月3日起实施。现印发你们,请把握好政策界限,认真做好新老标准衔接工作,维护被征地拆迁农民的合法权益,保障自治区重点建设项目顺利实施。

新疆维吾尔自治区国土资源厅
2009年4月8日

自治区重点建设项目征地拆迁补偿标准   表1

序号/名称	序号/类别			补偿标准	单位	备注
01 房屋	011 楼房	0111 框架结构		800~900	元/m²	防盗门,塑钢窗,内墙面粉刷涂料,地面铺瓷砖,外墙面为马赛克或面砖,水、电设施到位,安装土暖气
		0112 砖混结构		630~720	元/m²	防盗门,塑钢窗,内墙面粉刷涂料,地面铺瓷砖,外墙面为马赛克或面砖,水、电设施到位,安装土暖气
	012 平房	0121 砖混结构	一等	550~595	元/m²	水(给水、排水)、电、暖齐全,室内地面铺瓷砖,取下限;有吊顶,厨房卫生间配套等多项酌情核增,最高不超过上限
			二等	505~550	元/m²	水(给水)、电、暖齐全,室内水泥地坪或面砖,取下限;塑钢窗或铁窗等多项目酌情核增,最高不超过上限
			三等	460~505	元/m²	水(给水)、电、暖齐全,室内水泥地坪,缺任意二项或缺一项不达标的取下限;多项酌情核增,最高不超过上限
		0122 砖木结构	一等	465~510	元/m²	水(给水、排水)、电、暖设施齐全、室内水泥地坪或铺瓷砖取下限;有吊顶,厨房卫生间配套等多项酌情核增,最高不超过上限
			二等	425~465	元/m²	水(给水)、电、暖设施齐全,水泥地坪,取下限;塑钢窗或铁窗等多项目酌情核增,最高不超过上限
			三等	340~425	元/m²	水、电、暖设施齐全,水泥地坪,缺任意二项或缺一项不达标的取下限;多项酌情核增,最高不超过上限
		0123 砖包皮		300~400	元/m²	水、电、暖设施齐全,水泥地坪,满足两项可取上限
		0124 土木结构	一等	300~380	元/m²	有室内装修,水、电、暖设施齐全,水泥地坪,满足两项可取上限
			二等	250~320	元/m²	水、电、暖设施齐全,水泥地坪,满足两项可取上限
	013 简易房屋	0131 砖木草顶		240	元/m²	
		0132 土木草顶		200	元/m²	
	014 葡萄凉房	0141 砖结构		240	元/m²	
		0142 土结构		200	元/m²	

表 2

序号/名称	序号/类别		补偿标准	单位	备 注
02 入户费	021 自来水		600	元/户	
	022 有线电视		400	元/户	
	023 电话		80	元/户	
03 地坪	031 水泥地坪（水泥板块地坪）	厚度>6cm	45~70	元/m²	5cm 以上的砂石、砾石等地基取上限，5cm 以下的砂石、砾石等地基取下限
		厚度≤6cm	25~45	元/m²	5cm 以上的砂石、砾石等地基取上限，5cm 以下的砂石、砾石等地基取下限
	032 砖铺地坪		15~22	元/m²	砂石、砾石等地基取上限，无砂石、砾石等地基取下限
04 围墙	041 砖石围墙		90	元/m²	
	042 花墙		70	元/m²	
	043 土构墙		57	元/m²	
	044 铁栅栏		105	元/m²	
	045 木栅栏		68	元/m²	
	046 草栅栏		34	元/m²	
05 棚圈	051 砖混结构		350	元/m²	含混凝土饲料槽
	052 砖木结构		200	元/m²	含混凝土饲料槽
	053 土木结构		120	元/m²	含混凝土饲料槽
	054 简易棚圈		75	元/m²	含混凝土饲料槽
06 厕所	061 砖混结构		400	元/m²	预制或现浇混凝土顶
	062 砖木结构		150~235	元/m²	若无顶棚，则补偿标准下调20%
	063 土木结构		110~155	元/m²	若无顶棚，则补偿标准下调20%
	064 简易厕所		100	元/m²	
07 菜窖	071 砖混结构		170	元/m³	
	072 砖木结构		135	元/m³	
	073 土木结构		105	元/m³	
08 大门	081 铁质大门		195~225	元/m²	无垛子者取下限，有砖混垛子者取高值，有土垛子者取中间值，根据铁门质量情况适当浮动
	082 木质大门		135~195	元/m²	无垛子者取下限，有砖混垛子者取高值，有土垛子者取中间值，根据雕花情况适当浮动

表3

序号/名称	序号/类别	补偿标准	单位	备注
09 温室	091 砖混墙、钢架塑膜棚	50~70	元/m²	砖混墙体,钢骨架塑膜顶棚
	092 砖混墙、木竹架塑膜棚	40~50	元/m²	砖混墙体,木竹架塑膜顶棚
	093 土构墙、木竹架塑膜棚	20~40	元/m²	土构墙体,木竹架塑膜顶棚
	094 简易塑膜棚	10~20	元/m²	无墙体,木竹架塑膜拱棚
10 馕坑	101 砖馕坑 1011 大馕坑	425	元/座	外围为砖砌,占地面积>1.5m²
	101 砖馕坑 1012 小馕坑	255	元/座	外围为砖砌,占地面积≤1.5m²
	102 土馕坑 1021 大馕坑	295	元/座	全部为土或土块构筑,占地面积>1.5m²
	102 土馕坑 1022 小馕坑	170	元/座	全部为土或土块构筑,占地面积≤1.5m²
11 灶台(室外)	111 砖砌灶台	110~140	元/口锅	全部为砖砌且贴马赛克或水泥抹面精修者取高值,砖土结合构造者取低值,只对房屋外的灶台进行补偿
	112 土构灶台	80	元/口锅	只对房屋外的灶台进行补偿
12 凉棚	121 木质凉棚	170~255	元/m²	根据木柱、木梁等雕花、油漆、做工情况浮动取值,以垂直投影面积为计量依据
	122 简易凉棚	20~40	元/m²	圆木搭建,上有草席或葡萄藤蔓,以垂直投影面积为计量依据
13 炕(室外)	131 砖、石炕	90~135	元/m³	主要由砖、石砌筑,外贴马赛克或水泥抹面者可取高值,砖土结合构造者取低值,只对房屋外的进行补偿
	132 土炕	80	元/m³	全部为土筑或土块构筑,只对房屋外的炕进行补偿
14 沼气池	141 砖混	400	元/m³	
15 青储饲料池	151 砖混	180	元/m³	
	152 土构	80	元/m³	

表4

序号/名称	序号/类别		补偿标准	单位	备注
16 水井	161 压井		900	元/眼	包含铁井头、井台等附属设施
	162 机井	1621 井深＜50m	6	万元/眼	征地拆迁补偿参考价
		1622 井深 50～80m	6～8	万元/眼	征地拆迁补偿参考价;每米井深按900元核算,最高不超上限
		1623 井深 80～100m	8～10	万元/眼	征地拆迁补偿参考价;每米井深按900元核算,最高不超上限
		1624 井深＞100m	10～18	万元/眼	征地拆迁补偿参考价;每米井深按900元核算,最高不超上限
17 砖窑	171 轮窑		0.6～1	万元/门	此补偿标准只是砖窑这一个体的补偿标准,不包含砖机、推土机、小推车、鼓风机等动产;烟囱按0.25万元/米高补偿
	172 土式砖窑		500	元/m²	含烟囱、烘干室等
18 坟墓	181 单棺		900	元/座	少数民族的多墓穴坟墓补偿标准由单棺补偿标准乘以其具体葬穴数确定
	182 双棺		1600	元/座	
19 搬迁过渡费	191 统一安置一次性补助		600	元/人	
	192 自建住房一次性补助		500	元/人	
20 搬家费	201 一次性补助		600	元/户	
	21 滴灌设施		1000	元/亩	指地下管线设施,不包括地上可以转移的管线

表 5

树　　种		树木规格（胸径）	补 偿 标 准	补 偿 单 位
1 阔叶树		5cm 以下	18	元/棵
		5～15cm	20～30	元/棵
		15～30cm	30～40	元/棵
		30cm 以上	40～50	元/棵
2 针叶树		5cm 以下	30	元/棵
		5～15cm	35～55	元/棵
		15～30cm	55～75	元/棵
		30cm 以上	80～90	元/棵
3 果树	苹果树	5cm 以下	35	元/棵
		5～15cm	50～150	元/棵
		15～30cm	150～400	元/棵
		30cm 以上	400～300	元/棵
	梨树	5cm 以下	85	元/棵
		5～15cm	120～240	元/棵
		15～30cm	240～400	元/棵
		30cm 以上	400～300	元/棵
	枣树	5cm 以下	115	元/棵
		5～15cm	150～300	元/棵
		15～30cm	300～500	元/棵
		30cm 以上	500～800	元/棵
	桃树 杏树 桑树	5cm 以下	45	元/棵
		5～15cm	60～180	元/棵
		15～30cm	180～300	元/棵
		30cm 以上	300～200	元/棵
	核桃树 巴旦木树	5cm 以下	150	元/棵
		5～15cm	200～400	元/棵
		15～30cm	400～800	元/棵
		30cm 以上	800～1000	元/棵

表6

树　种		树木规格（胸径）	补偿标准	补偿单位
3 果树	蟠桃树	5cm 以下	100	元/棵
		5～15cm	150～300	元/棵
		15～30cm	300～400	元/棵
		30cm 以上	400～300	元/棵
	李子树	5cm 以下	70	元/棵
		5～15cm	100～200	元/棵
		15～30cm	200～300	元/棵
		30cm 以上	300～200	元/棵
	樱桃树	5cm 以下	100	元/棵
		5～15cm	150～350	元/棵
		15～30cm	350～500	元/棵
		30cm 以上	500～350	元/棵
	石榴树	5cm 以下	80	元/棵
		5～15cm	100～200	元/棵
		15～30cm	200～400	元/棵
		30cm 以上	400～200	元/棵
4 灌木	葡萄	3年以下未挂果	40～80	元/墩
		3年以上已挂果	120～150	元/墩
	无花果	5cm 以下	80	元/棵
		5～15cm	100～200	元/棵
		15cm 以上	200～300	元/棵
	枸杞	3年以下未到盛果期	30～40	元/墩
		3年以上已到盛果期	60～90	元/墩
	其他灌木	郁闭度 20%～40%	300～400	元/亩
		郁闭度 40%～60%	500～600	元/亩
		郁闭度 60% 以上	700～800	元/亩
5 苗圃※		用材林苗圃	3000～5000	元/亩
		经济林苗圃	5000～8000	元/亩
6 幼苗※	苗圃外的幼苗	用材林苗木	0.5～1	元/株
		经济林苗木	1～3	元/株

注：※苗圃株距不小于 10～15cm，每亩不超过 5000 株；幼苗一般情况下胸径不超过 2cm，株距不小于 30～50cm，每亩不超过 2000 株；按保持苗木正常生长的栽植密度进行补偿。补偿标准包含各种果树支架的木杆、水泥杆、铁丝等配套设施。经济林每亩合理株数应以当地通常栽植密度和林业管理部门出具证明为准，超过每亩合理株数部分不予补偿。

关于印发《车辆购置税收入补助地方资金管理暂行办法》的通知

(财建〔2021〕50号)

各省、自治区、直辖市、计划单列市财政厅(局)、交通运输厅(局、委),新疆生产建设兵团财政局、交通运输局:

为深入贯彻落实党中央、国务院关于加快建设交通强国的重大决策部署,积极稳妥统筹推进交通运输领域财政事权和支出责任划分改革,财政部、交通运输部对《车辆购置税收入补助地方资金管理暂行办法》等文件进行了修订完善,现印发给你们,请遵照执行。

附件:车辆购置税收入补助地方资金管理暂行办法

财政部　交通运输部
2021年3月30日

车辆购置税收入补助地方资金管理暂行办法

第一章　总　则

第一条　为加强车辆购置税收入补助地方资金管理,提高资金使用效益,促进交通运输事业健康发展,加快建设交通强国,根据《中华人民共和国预算法》《中华人民共和国预算法实施条例》《国务院批转财政部、国家计委等部门〈交通和车辆税费改革实施方案〉的通知》(国发〔2000〕34号)等,制定本办法。

第二条　本办法所称车辆购置税收入补助地方资金(以下简称车购税资金),是指中央财政从车辆购置税收入中安排用于支持交通运输行业发展的资金。

第三条　车购税资金管理和使用遵循以下原则:

(一)突出事权。应当按照交通运输领域财政事权和支出责任划分有关要求,保障好中央财政事权所需的相关支出,并根据不同时期发展目标对地方财政事权给予一定资金支持。

(二)保障重点。应当重点保障国家重大战略目标和纳入国家交通运输规划的重大项目建设。

(三)注重绩效。应当实行全过程预算绩效管理,强化绩效评价结果运用。

(四)各司其职。各级财政部门、交通运输主管部门应当按照各自职责负责项目和资金申报、审核、执行、监管等相关工作。

第四条 本办法实施期限为五年。政策到期后,财政部会同交通运输部开展政策评估,根据评估结果确定下一阶段政策实施期限。

第二章 支出范围和分配方式

第五条 车购税资金的支出范围包括:

(一)国家高速公路和普通国道支出;

(二)界河桥梁(隧道)、边境口岸汽车出入境运输管理设施、国家级口岸公路支出;

(三)普通省道、农村公路支出;

(四)综合交通运输支出;

(五)重要内河水运支出;

(六)重大自然灾害影响的交通运输安全应急保障支出;

(七)交通运输智能化信息化支出;

(八)国务院批准同意用于交通运输的其他支出。

第六条 国家高速公路和普通国道支出,是指用于国家高速公路和普通国道建设中由中央承担支出责任部分的支出,主要包括新建、改建和扩建支出。

该项支出分配主要采用项目法。

第七条 界河桥梁(隧道)、边境口岸汽车出入境运输管理设施、国家级口岸公路支出,是指用于界河桥梁(隧道)、边境口岸汽车出入境运输管理设施、国家级口岸公路等建设中由中央承担支出责任部分的支出,主要包括新建、改建和扩建支出。

该项支出分配主要采用项目法。

第八条 普通省道、农村公路支出,是指中央根据地方普通省道、农村公路的建设任务、养护任务完成情况及财政投入等情况,对地方普通省道、农村公路建设项目给予一定资金支持的支出。主要包括支持普通省道、农村公路(含县道、乡道、村道及属于农村公路重要附属设施的县级客运站、乡镇运输服务站)等新建、改建和扩建支出。

该项支出分配主要采用"以奖代补"方式。西藏自治区、新疆生产建设兵团普通省道支出分配主要采用项目法。

第九条 综合交通运输支出是指对符合《国家综合立体交通网规划纲要》等有关规划要求的、重要的综合交通运输项目给予一定资金支持的支出,主要包括综合货运枢纽(物流园区)、集疏运体系建设及综合客运枢纽等相关支出。

综合货运枢纽(物流园区)、集疏运体系主要采用竞争性评审方式给予支持,以地方为主体进行实施;综合客运枢纽支出主要采用项目法分配。

第十条 重要内河水运支出,是指用于国境国际通航河流航道、西江航运干线建设、高等级航道及落实国家重大战略需要的其他内河航道建设等纳入国家相关规划、有助于完善综合立体交通网的项目支出。其中，西江航运干线建设，在事权改革到位之前，按照现行管理体制和现有资金渠道执行。

该项支出分配主要采用项目法。

第十一条 重大自然灾害影响的交通运输安全应急保障支出，是指为提升交通运输行业对突发事件的应急响应和处置水平，及时保障和恢复交通运输正常运行而实施的项目支出，主要包括启动国家自然灾害救灾应急响应等相关重大灾害的公路应急抢通和恢复重建、国家区域性公路应急装备物资储备等相关支出。

公路应急抢通按照灾害等级分档支持，恢复重建、国家区域性公路应急装备物资储备支出分配主要采用项目法。

第十二条 交通运输智能化信息化支出，是指按照信息资源整合共享要求，用于构建智慧交通体系的相关建设项目支出。

该项支出分配主要采用项目法。

第三章 资金审核和下达

第十三条 采用项目法分配的事项，交通运输部根据国家重大发展战略、交通运输中长期规划等，编制交通运输五年发展规划或专项规划，对地方上报的项目进行审核，将符合规划要求的项目纳入"十四五"交通运输规划项目库（以下简称项目库）。对纳入项目库并完成有关前期工作且具备开工条件的项目，交通运输部根据车购税年度资金规模、项目具体补助标准、核定的项目车购税资金额、地方申请及项目建设进度等，提出项目年度资金安排建议报财政部审核，财政部审核并下达资金。项目法实施方案详见附件。

综合货运枢纽（物流园区）、集疏运体系等采用竞争性评审方式分配的事项，由财政部会同交通运输部研究制订竞争性评审实施方案。以地方为主体制定具体实施方案，经地方交通运输主管部门、财政部门逐级审核后报交通运输部、财政部。交通运输部、财政部组织开展竞争性评审，根据评审结果给予支持。实施方案由财政部、交通运输部另行组织制定并印发实施。

第十四条 采用"以奖代补"方式分配的事项，各级交通运输主管部门应当明确相关建设、养护目标和任务，会同财政部门建立满足"以奖代补"考核需要的真实、动态、可考核的数据支撑系统（以下简称数据支撑系统）。财政部、交通运输部根据各省（自治区、直辖市）建设任务、养护任务完成情况及财政投入等情况进行考核，根据考核情况"以奖代补"。实施方案详见附件。

第四章 绩效管理和监督

第十五条 各级财政部门和交通运输主管部门应当按照下列要求加强对车购税资金全过程预算绩效管理：

（一）强化绩效目标管理。车购税资金使用主体在申报项目和资金时，应科学设置明确、具体、一定时期可实现的绩效目标，以细化、量化的指标予以描述并按要求提交。各级财政部门和交通运输主管部门应当加强对绩效目标的审核，将其作为项目评审评估、资金分配的重要依据,并将审核后的绩效目标随同资金一并分解下达到具体项目。

(二)做好绩效运行监控。各级财政部门和交通运输主管部门应当加强车购税资金执行过程中的绩效监控,综合运用数据支撑系统等信息化手段,重点监控是否符合既定的绩效目标,项目和资金执行偏离既定绩效目标的,应当及时采取措施予以纠正。

(三)加强绩效评价和结果运用。各级财政部门和交通运输主管部门应当按照各自职责客观公正地组织开展好绩效评价工作,将评价结果及时反馈给被评价单位,对发现的问题督促整改。交通运输部对省级交通运输主管部门报送的绩效评价结果进行审核,财政部将交通运输部审核确认的绩效评价结果作为预算安排和资金分配的参考因素。

财政部各地监管局按照工作职责和有关文件要求开展车购税资金预算绩效管理工作。

第十六条　地方各级财政部门、交通运输主管部门应当按照职责加强对车购税项目和资金申报、审核、执行的管理监督,建立"谁申报、谁负责""谁使用、谁负责"的责任机制。

第十七条　车购税资金使用主体及其工作人员在车购税项目和资金的申报、使用过程中,利用不正当手段套取车购税资金的,由所在地交通运输主管部门、财政部门按职责分工根据有关规定予以处理;构成犯罪的,依法追究刑事责任。

第十八条　各级财政部门和交通运输主管部门及其工作人员在车购税项目和资金的审核、分配、拨付过程中,存在利用不正当手段套取车购税资金等行为以及其他滥用职权、玩忽职守、徇私舞弊等违法违纪行为的,依照《中华人民共和国预算法》《中华人民共和国公务员法》《中华人民共和国监察法》《财政违法行为处罚处分条例》等有关规定追究相应责任;构成犯罪的,依法追究刑事责任。

第五章　附　　则

第十九条　本办法由财政部会同交通运输部负责解释。

第二十条　本办法自发布之日起施行。《财政部　交通部关于印发〈车辆购置税交通专项资金管理暂行办法〉的通知》(财建〔2000〕994号)、《财政部　交通运输部商务部关于印发〈车辆购置税收入补助地方资金管理暂行办法〉的通知》(财建〔2014〕654号)、《财政部　交通运输部关于〈车辆购置税收入补助地方资金管理暂行办法〉的补充通知》(财建〔2016〕722号)、《财政部　交通运输部关于进一步明确车辆购置税收入补助地方资金补助标准及责任追究有关事项的通知》(财建〔2016〕879号)、《财政部　交通运输部关于印发〈车辆购置税收入补助地方资金管理暂行办法〉的补充通知》(财建〔2019〕272号)同时废止。

附:1. "十四五"时期车辆购置税收入补助地方资金项目法实施方案
　　2. "十四五"时期车辆购置税收入补助地方资金"以奖代补"支持普通省道和农村公路实施方案

附1

"十四五"时期车辆购置税收入补助地方资金项目法实施方案

一、项目法管理流程和方式

（一）对于采用项目法管理的事项，交通运输部根据国家重大发展战略、国民经济和社会发展五年规划、交通运输中长期规划等，编制交通运输五年发展规划或专项规划，对地方上报的项目进行审核，将符合规划要求的项目纳入项目库。对纳入项目库的项目，交通运输部根据地方申请按程序进行审批或审核，按照国家高速公路、普通国道、综合客运枢纽、公路相关设施类项目、内河、交通运输智能化信息化建设等不同项目的投资补助标准核定拟安排的项目车购税资金额。

（二）对完成有关前期工作且具备开工条件的项目，交通运输部根据年度车购税资金总规模、核定的项目车购税资金额、地方申请及项目建设进度等，提出项目年度资金安排建议于每年3月31日前报财政部审核，提前下达下一年度资金安排建议应于每年9月30日前报财政部审核。财政部根据年度预算安排和交通运输部提出的资金安排建议审核并下达资金。

（三）省级财政部门接到中央财政下达的资金预算后，应当按照预算法规定时限要求及时分解下达。省级交通运输主管部门应当加快预算执行，提高资金使用效益。

二、投资补助标准

（一）综合客运枢纽。

单位：万元/个

项目类别		东部地区	中部地区	西部地区
综合客运枢纽	重大项目	总投资的30%，原则上不超过1亿元/个		
	一般项目	5000	5500	6000

注：综合客运枢纽一般项目补助额占枢纽项目总投资的比例以50%为上限。非一体化项目补助标准下浮1500万元。

(二)国家高速公路。

项目类别	东部地区	中部地区	西部地区
高速公路	建安费25%	建安费30%	西藏按照项目总投资的100%,新疆南疆四地州、青海按建安费的70%,新疆其他地区、贵州、云南、甘肃、四川阿坝州、甘孜州、凉山州按建安费的50%,其他西部地区按建安费的35%

注:1. 新建项目按基准标准执行,扩容改造项目按基准标准的50%执行。
  2. 采用 PPP 模式的新建项目以所在地区基准标准为上限,扩容改造项目以基准标准的50%为上限。
  3. 除西藏自治区外,中央投资补助上限:原则上执行建安费50%及以上比例的区域的项目不高于6000万元/公里,其他西部地区的项目不高于5000万元/公里,东中部地区的项目不高于4000万元/公里;不超过地方申请数,不超过 PPP 项目合同约定政府建设期出资数。
  4. 海南省、吉林延边州、黑龙江大兴安岭地区、湖北恩施州、湖南湘西州、江西赣州市执行西部地区建安费的35%标准。
  5. 公路长大桥梁结构监测系统补助额度,东部、中部、西部、特殊困难地区(指西藏自治区、青海省、新疆南疆四地州、川滇甘涉藏州县、四川凉山州、云南怒江州和甘肃临夏州)分别按核定投资的40%、50%、70%和90%。

(三)普通国道。

项目类别	东部地区	中部地区	西部地区	特殊困难地区
一级公路 (万元/公里)	1200	1400	1600	1800(国家审批工可的项目按照总投资的100%)
二级公路 (万元/公里)	600	700	800	900(国家审批工可的项目按照总投资的100%)
三级公路 (万元/公里)	240	280	320	450(国家审批工可的项目按照总投资的100%)
四级公路 (万元/公里)	40	50	60	100(国家审批工可的项目按照总投资的100%)
桥梁隧道 (元/平方米)	2500	3500	4500	5000(国家审批工可的项目按照总投资的100%)

续上表

项目类别	东部地区	中部地区	西部地区	特殊困难地区
公路灾害防治工程（万元/公里）	25	30	35	50
公路安全提升工程（万元/公里）	10	15	20	30

注：1. 普通国道新改建项目：①新改建项目按基准标准执行，路面改造项目按基准标准的20%执行；②收费项目投资补助额度不超过按同地区高速公路标准测算的额度；③定额补助标准造价浮动系数：一级公路建安费超过3000万元/公里，每增加400万元/公里，补助标准上浮10%，最高上浮100%；二级公路建安费超过1000万元/公里，每增加150万元/公里，补助标准上浮10%，最高上浮100%；三级公路建安费超过500万元/公里，每增加100万元/公里，补助标准上浮10%，最高上浮150%；④新建单体长度超过1000米的桥梁、隧道，可按平方米测算车购税资金；⑤东中部沿边国道（G219、G331）按西部地区标准执行，沿边国道二级、三级公路（含其中千米以上桥隧）项目基准标准上浮10%；⑥中央投资补助额度不超过项目建安费，不超过地方申请数，不超过PPP项目合同约定政府建设期出资数。

2. 四、五类桥梁及旧桥改造：重建类项目按照新建桥梁基准标准执行，加固类项目按照基准标准的60%执行。通航河流桥梁防撞改造，按照防撞设施面积，参照新建桥梁基准标准执行。四、五类桥梁及旧桥改造项目补助额度，东部、中部、西部、特殊困难地区分别不得超过建安费的60%、80%、85%和90%。公路长大桥梁结构监测系统补助额度，东部、中部、西部、特殊困难地区分别按核定投资的40%、50%、70%和90%；西藏自治区项目经交通运输部对其技术方案和工程造价进行复核审查，按项目总投资的100%。

3. 隧道改造：五类隧道改造按新建隧道基准标准的60%执行，四类隧道按照基准标准的18%执行。东部、中部、西部、特殊困难地区补助额度，分别不得超过建安费的45%、60%、75%和90%；西藏自治区项目经复核审查，按项目总投资的100%。

4. 灾害防治工程：东部、中部、西部、特殊困难地区补助额度，分别不得超过建安费的45%、60%、75%和90%；建安费超过1000万元的项目经复核审查，可按建安费的45%、60%、75%和90%补助；西藏自治区项目经复核审查，按项目总投资的100%。

5. 公路安全提升工程：东部、中部、西部、特殊困难地区补助额度，分别不得超过建安费的45%、60%、75%和90%；建安费超过1000万元的项目经复核审查，可按建安费的45%、60%、75%和90%补助；西藏自治区项目经复核审查，按项目总投资的100%。

6. 灾毁恢复重建项目参照同级公路建设基准标准执行，同时不超过恢复重建项目建安费的50%。

7. 特殊困难地区以外的国家乡村振兴重点帮扶县按所在地区基准标准再上浮10%。

8. 海南省、吉林延边州、黑龙江大兴安岭地区、湖北恩施州、湖南湘西州、赣闽粤苏区县执行西部地区标准，福建革命老区执行中部标准。

9. 西藏自治区、新疆生产建设兵团省道参照国道标准执行。

10. 公路界河桥梁（隧道）项目中央承担中方侧工程总投资。

11. 雄安新区公路、抵边自然村通硬化路等按照规定程序批准的标准执行。

（四）公路相关设施类项目。

项目类别	标　准
边境口岸汽车出入境运输管理建设项目	核定投资的100%
国家区域性公路应急装备物资储备中心应急装备物资购置	核定投资的40%，国家审批工可的项目按照总投资的100%

（五）内河。

项 目 类 别	东 部 地 区	中 部 地 区	西 部 地 区
西江航运干线和国境、国际通航河流航道	核定投资的100%		
内河高等级航道及公共基础设施	工程费用的80%	工程费用的85%	工程费用的90%
符合国家战略方向的内河水运其他航道及公共基础设施	工程费用的55%	工程费用的65%	工程费用的75%

注：1. 海南省、吉林延边州、黑龙江大兴安岭地区、湖北恩施州、湖南湘西州、赣闽粤苏区县执行西部地区标准，福建革命老区执行中部地区标准。

2. 公共基础设施指通航设施、内河公共锚地、便民交通码头（中西部地区）。

3. 通航设施中以通航为主、兼顾发电等其他效益的航电枢纽，补助标准依所在的航道等级分别下浮，其中高等级航道上的航电枢纽下浮45个百分点，即按东、中、西部分别为工程费用的35%、40%、45%，符合国家战略方向的内河水运其他航道上的航电枢纽按东、中、西部分别下浮20、25、30个百分点，即按东、中、西部分别为工程费用的35%、40%、45%。

4. 通航设施补助额度不超过资本金的50%。

5. 西江航运干线在航运管理体制改革到位前，暂按工程费用的100%安排。

（六）公路应急抢通。

公路应急抢通按照灾害等级分档支持：一类灾情（灾情特别严重）1500万元，二类灾情（灾情严重）1200万元，三类灾情（灾情较重）900万元，四类灾情（灾情一般）600万元。

（七）交通运输智能化信息化建设。

部省联网交通运输智能化信息化项目按设备购置和安装费用核定投资的40%补助，国家审批工可的项目按照总投资的100%补助。

附 2

"十四五"时期车辆购置税收入补助地方资金"以奖代补"支持普通省道和农村公路实施方案

为贯彻落实习近平总书记关于"四好农村路"建设重要指示批示精神,服务乡村振兴战略实施,加快建设交通强国,加强普通省道和农村公路建设和养护,根据国务院办公厅《交通运输领域中央与地方财政事权和支出责任划分改革方案》有关规定,交通运输部、财政部对各省、自治区、直辖市、计划单列市及新疆生产建设兵团(以下统称各省份)普通省道和农村公路建设、养护任务完成情况及地方财政投入情况进行考核,根据考核结果,结合年度中央预算资金安排,向各省份安排奖励性资金(以下简称奖补资金)。奖补资金主要用于支持普通省道和农村公路(含县道、乡道、村道,通村公路发挥村内主干道作用的穿村路段,县级客运站、乡镇运输服务站)的新建、改建和扩建项目。具体工作事项及要求如下:

一、工作要求

(一)普通省道和农村公路属于地方财政事权,地方各级交通运输主管部门、财政部门应落实主体责任,按照职责分工负责建设和养护工作,并承担支出责任。交通运输部、财政部依据数据支撑系统重点对普通省道和农村公路建设、养护目标任务完成情况进行考核,考核结果作为资金分配的重要依据。

(二)各省份财政部门、交通运输主管部门结合实际,因地制宜制定本地区奖补资金分配标准,原则上不超过"十四五"时期车辆购置税收入补助地方资金对同技术等级普通国道补助标准。

(三)各省份交通运输主管部门应当会同同级财政部门,建立并完善数据支撑系统,做好考核因素涉及的相关基础数据更新管理、末端数据及时准确填报等工作。

(四)普通省道和农村公路建设实行项目库管理制度。省级交通运输主管部门结合实际情况,通过数据支撑系统组织本省份分级开展项目库建设。普通省道和农村公路建设完成情况在省级以项目为单位进行管理。

(五)地方各级财政部门和交通运输主管部门应当加强奖补资金的全过程预算绩效管理,结合考核因素对奖补资金提出明确、具体的绩效目标,运用数据支撑系统等方式,做好绩效运行监控,开展绩效评价,将绩效评价结果作为分配奖补资金的依据。财政部各地监管局按照工作职责和有关文件要求开展奖补资金预算绩效管理工作。

二、管理流程和方式

(一)交通运输部根据国家重大战略部署、交通运输中长期规划和五年发展规划等,综合各省份普通省道和农村公路建设投资额、建设里程、乡镇通三级公路建设、自然村通硬化路建设、危桥改造和村道安全生命防护工程（以下简称村道安防工程）等任务，结合区域差异、财政困难程度等，会同财政部确定"十四五"时期各省份普通省道和农村公路建设规划奖补资金基数。每年7月底前，省级交通运输主管部门会同同级财政部门，依据本省份五年规划目标任务，提出本省份下一年度目标任务，报交通运输部、财政部。交通运输部利用数据支撑系统中的各省份"十四五"时期规划目标任务累计完成情况，结合各省份"十四五"时期规划奖补资金基数，按照年度全国车购税资金预算情况，会同财政部测算各省份年度奖补资金基数。西藏自治区主要完成剩余乡镇和建制村通硬化路、危桥改造和村道安防工程等任务。

（二）年度奖补资金采取先按一定比例预拨、后清算的方式下达。每年9月底前，交通运输部提出各省份下一年度预拨资金建议，报财政部审核。每年10月底前，财政部向各省份下达下一年度预拨资金。省级交通运输主管部门会同同级财政部门于每年1月底前将上一年度本省份各项考核目标任务完成情况报交通运输部、财政部。数据真实性、准确性由上报部门负责，并与数据支撑系统保持一致。交通运输部、财政部通过数据支撑系统中的数据对各省份上一年度任务完成情况等进行考核。交通运输部根据考核结果，结合年度预算安排，于每年3月提出各省份上一年度奖补资金清算建议，报财政部审核。每年4月底前，财政部按照预算管理规定向各省份清算下达上一年度奖补资金。

（三）交通运输部会同财政部可利用数据支撑系统对各省份报送的数据、任务完成情况等进行复核，对发现存在弄虚作假行为、资金违规使用的省份，视具体情况扣减奖补资金。

三、测算公式

（一）某省份年度奖补资金基数 = 年度全国普通省道和农村公路奖补资金总额 ×（某省份年度奖补资金测算值 ÷ Σ 各省份年度奖补资金测算值）。

某省份年度奖补资金测算值 = 某省份五年规划奖补资金基数 × 某省份规划目标任务计划累计综合完成率 - 某省份累计实际下达奖补资金 - 某省份累计考核扣减资金。综合完成率按照五项建设任务每项20%的权重进行计算，综合完成率超过100%后按照100%计算。

（二）某省份年度奖补资金清算值 = 某省份年度奖补资金基数 × 考核系数。

考核系数 = Σ 某省份各项考核指标得分 ÷ 100。

（三）当考核系数 < 1 时，某省份年度考核扣减资金 = 某省份年度奖补资金基数 - 某省份年度奖补资金清算值。

四、主要考核因素及奖补资金标准

（一）建设任务完成情况系数（权重50%）。

包括普通省道和农村公路建设投资任务完成率、普通省道和农村公路建设里程任务完成率、乡镇通三级公路任务完成率、自然村通硬化路任务完成率、危桥改造和村道安防工程任务完成率等五个子因素,权重分别为10%、10%、10%、10%、10%。西藏自治区考核剩余乡镇和建制村通硬化路任务完成率、危桥改造和村道安防工程任务完成率两个子因素,权重分别为40%和10%。

1. 普通省道和农村公路建设投资任务完成率 = 普通省道和农村公路建设投资年度实际完成额 ÷ 普通省道和农村公路建设年度投资计划额。任务完成率 ≥ 1,得分 = 10;0.8 ≤ 任务完成率 < 1,得分 = 10 × 任务完成率;0.5 ≤ 任务完成率 < 0.8,得分 = 8 × 任务完成率;任务完成率 < 0.5,得分 = 0。

2. 普通省道和农村公路建设里程任务完成率 = 年度实际新改建普通省道和农村公路里程 ÷ 年度计划新改建普通省道和农村公路里程。任务完成率 ≥ 1,得分 = 10;0.8 ≤ 任务完成率 < 1,得分 = 10 × 任务完成率;0.5 ≤ 任务完成率 < 0.8,得分 = 8 × 任务完成率;任务完成率 < 0.5,得分 = 0。

3. 乡镇通三级公路任务完成率 = 年度新增通三级公路乡镇个数 ÷ 年度计划新增通三级公路乡镇个数。任务完成率 ≥ 1,得分 = 10;0.8 ≤ 任务完成率 < 1,得分 = 10 × 任务完成率;0.5 ≤ 任务完成率 < 0.8,得分 = 8 × 任务完成率;任务完成率 < 0.5,得分 = 0。

4. 自然村通硬化路任务完成率 = 年度新增通硬化路自然村个数 ÷ 年度计划新增通硬化路自然村个数。任务完成率 ≥ 1,得分 = 10;0.8 ≤ 任务完成率 < 1,得分 = 10 × 任务完成率;0.5 ≤ 任务完成率 < 0.8,得分 = 8 × 任务完成率;任务完成率 < 0.5,得分 = 0。

5. 危桥改造和村道安防工程任务完成率 = 年度危桥改造完成座数 ÷ 年度计划危桥改造完成座数 × 0.7 + 年度村道安防工程建设完成里程 ÷ 年度村道安防工程计划建设完成里程 × 0.3。任务完成率 ≥ 1,得分 = 10;0.8 ≤ 任务完成率 < 1,得分 = 10 × 任务完成率;0.5 ≤ 任务完成率 < 0.8,得分 = 8 × 任务完成率;任务完成率 < 0.5,得分 = 0。

6. 西藏剩余乡镇和建制村通硬化路任务完成率 = 年度新增通硬化路乡镇和建制村个数 ÷ 年度计划新增通乡镇和建制村个数。任务完成率 ≥ 1,得分 = 40;0.8 ≤ 任务完成率 < 1,得分 = 40 × 任务完成率;0.5 ≤ 任务完成率 < 0.8,得分 = 32 × 任务完成率;任务完成率 < 0.5,得分 = 0。

注:某省份某项任务已实现公路"十四五"发展规划目标任务的,该项任务完成率计为100%。

(二)养护任务完成情况系数(权重30%)。

包括普通省道养护任务完成情况和农村公路养护任务完成情况两个子因素,权重分别为15%、15%。

1. 普通省道养护任务完成情况得分 = 15 × (普通省道优良路率得分系数 × 0.7 + 普通省道一二类桥梁占普通省道桥梁总数比例得分系数 × 0.3)。

(1)普通省道优良路率 ≥ 80%,普通省道优良路率得分系数 = 1;

(2)70% ≤ 普通省道优良路率 < 80%,普通省道优良路率得分系数 = 考核年度普通省道优良路率 ÷ (上一年度普通省道优良路率 + 1%),且最大不超过1;

(3)普通省道优良路率 < 70%,普通省道优良路率得分系数 = 考核年度普通省道优良路率 ÷ 71%;

(4)普通省道一、二类桥梁数量占普通省道桥梁总数比例≥90%,普通省道一、二类桥梁数量占普通省道桥梁总数比例得分系数=1;

(5)85%≤普通省道一、二类桥梁数量占普通省道桥梁总数比例<90%,普通省道一、二类桥梁数量占普通省道桥梁总数比例得分系数=普通省道一、二类桥梁比例÷(上一年度省道一、二类桥梁比例+1%),且最大不超过1;

(6)普通省道一、二类桥梁数量占普通省道桥梁总数比例<85%,普通省道一、二类桥梁数量占普通省道桥梁总数比例得分系数=普通省道一、二类桥梁比例÷86%。

2. 农村公路养护任务完成情况得分=15×(农村公路优良路率得分系数×0.7+农村公路一、二、三类桥梁占农村公路桥梁比例得分系数×0.3)。

(1)农村公路优良路率≥70%,农村公路优良路率得分系数=1;

(2)55%≤农村公路优良路率<70%,农村公路优良路率得分系数=考核年度农村公路优良路率÷(上一年度农村公路优良路率+1%),且最大不超过1;

(3)40%≤农村公路优良路率<55%,农村公路优良路率得分系数=考核年度农村公路优良路率÷(上一年度农村公路优良路率+2%),且最大不超过1;

(4)农村公路优良路率<40%,农村公路优良路率得分系数=考核年度农村公路优良路率÷41%;

(5)农村公路一、二、三类桥梁占农村公路桥梁总数比例≥99%,农村公路一、二、三类桥梁占农村公路桥梁总数比例得分系数=1;

(6)95%≤农村公路一、二、三类桥梁占农村公路桥梁总数比例<99%,农村公路一、二、三类桥梁占农村公路桥梁总数比例得分系数=农村公路一、二、三类桥梁比例÷(上一年度农村公路一、二、三类桥梁比例+1%),且最大不超过1;

(7)农村公路一、二、三类桥梁占农村公路桥梁总数比例<95%,农村公路一、二、三类桥梁占农村公路桥梁总数比例得分系数=农村公路一、二、三类桥梁比例÷96%。

(三)地方财政投入情况系数(权重20%)。

包括地方财政建设投入情况、地方财政养护投入情况两个子因素,权重分别为10%、10%。

1. 地方财政建设投入情况系数=地方财政普通省道和农村公路建设资金投入规模与上年之比。建设投入情况系数≥1,得分=10;建设投入情况系数<1,得分=建设投入情况系数×10;

2. 地方财政养护投入情况系数=地方财政普通省道和农村公路养护资金投入规模与上年之比。养护投入情况系数≥1,得分=10;养护投入情况系数<1,得分=养护投入情况系数×10。

注:地方财政投入包括中央对地方一般性转移支付资金。

五、附加考核因素

(一)全国"四好农村路"示范创建工作,按照以下情况之一加分,最多不超过1分。

1. 某省份当年获评全国示范省(计划单列市当年获评全国示范市),加1分;

2. 某省份全国示范市覆盖率和全国示范县覆盖率的平均值与上一年度平均值相比,每增加一个百分点加0.3分,最多加1分(直辖市、计划单列市、新疆生产建设兵团只计算全国示范县覆盖率)。

(二)全国"城乡交通运输一体化"示范创建工作,某省份当年每增加一个全国示范县,加0.5分,最多不超过1分。

根据国家重大改革、发展战略实施等,交通运输部、财政部可对奖补资金考核因素适时作出调整。

六、有关指标解释和来源

(一)建设任务指标。

1. 普通省道和农村公路建设投资完成额:指由建设单位填报的普通省道建设完成投资额和农村公路建设完成投资额的和(计量单位:万元)。

2. 普通省道和农村公路建设里程:指普通省道新建、改建、扩建公路完成里程和农村公路新建、改建、扩建公路完成里程的和(计量单位:公里)。

3. 新增通三级公路乡镇个数:指新增通三级公路的乡镇个数(计量单位:个)。

乡镇通三级公路,指乡镇至少有一条技术等级为三级或三级以上的公路(可由多条路线组成),连接至三级或三级以上公路网。

乡镇通三级公路路线位置应满足下列条件之一:①穿越乡镇政府所在的居民聚居区域;②通至乡镇政府驻地;③通至乡镇政府所在的居民聚居区域边缘,并与聚居区域内部的一条道路连接。

4. 新增自然村通硬化路个数:指通硬化路自然村个数(计量单位:个)。

自然村通硬化路,指自然村至少有一条硬化公路连接至对外路网。

自然村通硬化路的位置应满足下列条件之一:①穿越自然村(组)的居民聚居区域;②通至自然村(组)居民聚居区域或某个人口较多的居民聚居区域边缘,并与聚居区域内部的一条道路连接。

5. 危桥改造座数:指改造完成普通省道和农村公路上桥梁技术状况评定等级为四类或五类的桥梁数量(计量单位:座)。

6. 村道安防工程完成里程:指村道实际建设的安全生命防护工程里程(计量单位:公里)。

(二)养护任务指标。

1. 普通省道和农村公路优良路率:指普通省道和农村公路路面技术状况评定为优和良的公路比例(计量单位:%)。

2. 普通省道一、二类桥梁数量占普通省道桥梁总数比例:指普通省道上桥梁技术状况评定等级为一类和二类的桥梁数量占普通省道上桥梁总数的比例(计量单位:%)。

3. 农村公路一、二、三类桥梁数量占农村公路桥梁总数比例:指农村公路上桥梁技术状况评定等级为一类、二类和三类的桥梁数量占农村公路上桥梁总数的比例(计量单位:%)。

（三）地方财政投入指标。

1. 地方财政普通省道和农村公路建设资金投入规模：指年度建设普通省道和农村公路地方财政实际投入的财政性资金规模（计量单位：万元）。

2. 地方财政普通省道和农村公路养护资金投入规模：指年度养护普通省道和农村公路地方财政实际投入的财政性资金规模（计量单位：万元）。

（四）上述数据从各省份建立的数据支撑系统中提取。